KB172791

K-수학은 엉터리 수학이다

Math를 해야만 산다

K-수학은 엉터리 수학이다

Math를 해야만 산다

신동현 著

영어/수학의 마스터가 되고, 모든 학문/기술을 잘 할수 있다.
Math는 (K-수학보다 10배는) 쉽고 깊이가 있고 흥미롭다.
최고의 Math 텍스트와 콘텐츠를 소개한다.
Math를 배우러 학원을 다닐 필요가 없다.

좋은땅

엉터리 K-수학을 포기하고, Math를 시작하라

- 영어/수학의 마스터가 되고, 모든 학문/기술을 잘할 수 있다.
- Math는 (K-수학보다 10배는) 쉽고 깊이가 있고 흥미롭다.
- 최고의 Math 텍스트와 콘텐츠를 소개한다.
- 학원을 다닐 필요가 없다.

이 글을 쓰는 목적은 오로지 한 가지이다. 더 이상 한글로 쓰여진 'K-수학'을 공부하지 말고, 영어로 쓰여진 Mathematics in English의 'Math'를 공부하라는 것이다. 한국식 수학인 한글로 쓰여진 'K-수학'은 한국인이 Math를 모방하여 한국어로 이리저리 갖다 맞추어 만들어 낸 앞뒤 안 맞는 엉터리 모조품의 수학일 뿐이다. K-수학은 처음에는 달콤한 듯하지만 학생을 이리저리 흔들어 대다가 결국은 절벽으로 밀쳐 버리는 배신의 학문이다. 여기에 소모된 귀하의 귀중한 시간과 에너지는 되돌릴 수 없다.

엉터리 K-수학으로 인한 교육의 혼란은, 헝클어진 한국 사회의 불평등과 생존 지식의 결여로 나약해진 청년 불행의 씨앗이다. 피해 가기 힘든

비정상적인 사교육 열풍과 이로 인한 가계 재정(family finances)의 피폐, 정상적인 일상의 학교 교육으로는 감당하지 못하는 현실은 한국어로 쓰여진 교과서 안에 지식이 현대문명의 코드와는 동떨어진 이질의 언어인 한국어로 번역되어 (결국은 쓸모없이) 쓰여 있기 때문이다.

그중에서도 K-수학은 학생에게 엄청난 고통만을 주고 결국은 사라질 유령(bogus)으로, 청년의 창의성(creativity)을 앗아 가고 있는 최일선의 마귀(devil)이다. K-수학으로 인해 수학을 포기 당한 한국의 청년은 창의성을 상실하고 단순 노가다 행태의 고된 일을 하며 실망스러운 삶을 강요당하고 있는 것이다.

'Mathematics/Math'는 현대문명의 언어인 영어의 논리로 이루어진 인류 최고의 학문이다. 한국은 번역/번안 과정을 거쳐, '수학'이라는 학문으로 이것을 칭하고 한국어를 사용하여 그 논리를 전개하고 있다. 본 글에서는 논술의 구별을 위해 한국에서의 수학을 'K-수학'이라 하겠다.

나의 주장은 '수학'이 아니라 'K-수학'을 포기하라는 것이다. 그것은 문명/학문을 기록하는 언어로서 한국어는, 인류문명의 첨병인 영어라는 언어로써 쓰여진 수학/Math의 논리를 풀어낼 수 없는, 지극히 국지적인 작은 국가의 작은 세계관을 지닌 언어일 뿐이라는 것이다.

'피타고라스의 정리'를 설명할 수 있다 하여, 이후로 전개되는 '원주율 파이(π)'의 도출 과정을 설명 못 하고, '원주율을 π(파이)라 하고, 이것은 3.14159…의 값을 갖는다'라고 대충 넘어가는 것같이, 어떤 논리나 정리에 대한 이론적 전개 과정을 대부분 생략하고, 거기에서 도출된 결과만을 강요할 수밖에 없다면 그것은 수학의 한정된 분야만을 배우는 것으로, 참다운 수학을 배운다고 할 수 없는 것이다.

현대문명의 필수 요소인 수학/Math의 진정한 프로세스를 소화하지 못하고 그때그때 필요한 결과만을 인용하여 주어진 문제에 대한 답을 구하는 것이다. 이것은 수학이라는 학문이 추구하는 프로세스(process)가 아닌 것이다.

수학/Math는 현실의 문제를 실질적인 도출 과정을 거쳐 풀어내는 실행과정을 연마하는 학문인 것이다. 그래야 미지(being unknown)의 현상을 해석하고 답을 찾아내는 능력이 생기는 것이다. 그러나 K-수학은 주어진 틀 안에서만 작동하는 기계적인 두뇌의 인간을 복사(copy)하는 데 주력하고 있는 것이다. 그것은 수학이 아니고 어떤 게임의 룰(rule)과도 같은 것을 배우는 매우 제한적인 행위인 것이다.

한국의 수학인 K-수학은 이러한 함정에 완전히 빠져 있는 것이다. π, e 등에서 보듯이 원론적인 이해를 하지 못하고 선택을 강요당하는 것은 더 이상 논리적인 학문인 수학/Math라 할 수 없는 것으로, 학생은 고등(high level)의 수학논리가 전개될수록 혼란을 겪을 수밖에 없는 것이다. 여기서 학생 모두는 오십 보 백 보의 차이를 가지고 결국 수포자가 되고 마는 것이다. 한국에는 수학을 가르치겠다는 선생, 교수는 있어도 수학을 연구하는 진정한 수학자는 생겨날 수 없는 것이다.

한국인의 머리 회전이 잘 안되어서 그런 것이 아니라 사용하는 언어인 한국어의 소프트웨어적인 기능이 수학의 논리 전개를 감당해 내지 못하는 것이다. 다시 말해서 한국어라는 말로써 설명을 할 수 없는 언어기술적 능력의 한계에 갇힌 것이다. 우주만물의 행위를 파악하려 하는 수학적 고찰의 프로세스를 추종할 어휘가 한국인의 언어에는 없는 것이다. 다시 말해 한국인의 문화에서는 존재하지 않는 개념이어서 한국어로는 여하히 설명을 할 수가 없는 것이다.

- '이것은 생각을 하지 못한다' 또는 '개념을 이해 못한다'라는 것과 동일한 것이다. 왜냐하면 인간은 결국 자신이 알고 있는 언어로 생각할 수밖에 없기 때문이다.

'아프리카 대륙의 언어'로 수학을 할 수 없듯이 '한국어'로도 할 수 없는 것이다. 즉 수학의 문화/마인드가 없는 대부분의 문명권에서의 언어로는 현대의 수학을 설명하고 이해할 수 없는 것이다.

한국어는 다른 언어에 비해 조금 더 할 수 있는 것뿐이지 그 이상은 아닌 것이다. 이것은 노력해서 되는 것이 아니다. 처음부터 불가능한 것임을 눈치채지 못해서 그런 것이다. 초급 단계에서는 작은 개념이라 원활하게 진입했지만 갈수록 꼬이는 것이다. 우리의 중고등 과정이 그러한 것이다. 여기서 수포자가 생겨나는 것이고, 이것이 K-수학의 한계인 것이다.

중요한 것은 여기에서부터 한국의 젊은이들의 불행이 발아되고 있음을 눈치챘어야 하는 것이다. 그것은 가정과 국가의 불행으로 즉결되기 때문이다. 젊은이가 이세상에서 제일 소중한 학문인 수학을 포기하게 되는 것이고, 그것으로 인해 모든 학문을 부실하게 겉치레로 하게 될 수밖에 없는 것이다. 수학은 모든 현대학문의 중추적 기능을 담당하고 있기 때문이다.

- 한국어에 없는 개념을 한국어/한글을 통해 가르치고 배우려 한다는

행위는 그 자체로 모순인 것이다. 한국어에 없는 개념이라는 것은 한국인이 생각해 내지 못하는 개념이라는 것이다.

- 밤을 새워 공부해야만, 학원을 다녀야만 겨우 이해될 수 있다면 그 자체로 잘못된 프로세스인 것이다.
- 수학을 영어의 개념으로 생각하게 하여야 한다. 그러기 위해서는 당연히 영어로 쓰여진 Math로 수학을 공부해야 하는 것이다.
- 이 점을 깨닫는 데 보통 이상의 수학적/영어적 지능을 가진 필자가 50여 년의 세월을 소모하였다. 따라서 많은 이들이 이 글에 쉽게 동의할 수는 없을 것이다. 그러나 절대 후회할 일 없는 지상 최고 깨우침의 외침을 전해 듣고 있는 것이다.
- 이 점이 Math를 당장 시작하여야 하는 절박함이다. 그렇지 않으면 다시는 수학을 할 수 있는 기회를 갖기 힘들기 때문이다. 수학의 포기는 모든 학문/기술의 포기를 가져오는 것이다. 수학이 뒷받침하지 못하는 학문/기술은 수박 겉핥기식 답습에 끝나고 마는 것이다.
- 기상청이 일기예보를 함에 있어서 오보를 남발하는 것은 그들이 태만해서가 아닌 것이다. 수학과 영어가 미흡하여 선진 문명의 기상학(meteorology)을 제대로 숙달하지 못해서 온전히 실행하지 못하고 있기 때문이다.

이 글은 필자의 숨 가쁜 절규인 것이다. 왜냐하면 누구에게나 수십 년의 세월은 되돌리기 힘든 과정이기 때문이며, 한국 사회에서 벌어지고 있는 작금의 모든 부조화는 'K-수학'에서부터 발아되고 있기 때문이다.

- 당장 K-수학을 포기하고, Math를 시작하라! 그래야만 당신의 미래가 보장될 것이다.

이 글은 '하늘이 돌고 있다' 라고 당연히 생각하는 이에게, '아니다. 사실은 땅이 돌고 있는 것이다'라고 주장하는 것과 같은 맥락을 갖는다. 이 주장의 신뢰 여부는 독자에게 엄청난 결말의 차이를 가져올 것이다.

- K-수학을 위주로 하여 한글로 쓰여진 과학/기술/경제 등의 텍스트는 결국은 한국 청년에게 불행을 안겨 주는 겉모습만 번지레한 부실한 지식 창고일 뿐이다.
- 영어로 쓰여진 텍스트로 공부해야만 한다.

2022년 4월
둔덕 신동현

목차

머리글 … 4

1부 **Math를 해야만 산다**

Math 시작하기 … 14
텍스트 학습 주안점 … 21
텍스트별 학습사항 소개 Grade 1/2/3/4/5/6 (초등 수학) … 26
텍스트별 학습사항 소개 PRE-ALGEBRA (대수/수학 입문) … 76
텍스트별 학습사항 소개 ALGEBRA (대수/수학 1) … 89
텍스트별 학습사항 소개 GEOMETRY (기하) … 106
텍스트별 학습사항 소개 ALGEBRA 2 (대수/수학 2) … 119
텍스트별 학습사항 소개 PRE-CALCULUS (미적분 입문) … 131
텍스트별 학습사항 소개 CALCULUS (미적분) … 142

2부 **K-수학은 엉터리 수학이다**

K-수학은 왜 엉터리 수학인가? … 160
수학은 영어의 개념으로 쓰여진 학문이다. 한국어로는 수학논리를
설명/이해할 수 없다

3부 사실상 모든 학문은 영문으로 습득해야만 한다

서양 학문은 처음부터 영문 텍스트로 배워야 한다 … 196
영어를 손쉽게 배울 수 있고, 진짜 학문/기술을 터득할 수 있다

영어문맹 탈출하기 … 216
초등 과정에서 전문 과정까지 50만 원어치의 텍스트 읽기

4부 한국 청년은 왜 무기력한가?

한국어와 영어의 괴리; 번역으로 인한 문명의 불일치 … 254
이로 인한 결핍과 위험

오늘날 한국어로 된 학문/기술은 먹통의 우물 안 지식에 불과하다 … 275
21세기 문명의 소프트웨어는 영어이다

무기력한 한국의 청년 … 306
영어문맹으로 인해 한국 청년은 우물 안 개구리 신세

1부

Math를 해야만 산다

Math 시작하기

수학의 논리는 결국은 혼자 스스로의 생각으로 하나하나의 개념을 깨우쳐 나가야만 습득되는 것으로, 이러한 과정을 지속해야만 원하는 최종 목적지에 도달할 수 있는 흥미롭고 진지한 공부이다. 그러기에 텍스트가 아닌 교사에 의존하는 학습은 결코 완성될 수 없고 지속될 수도 없다.

본 글에서 소개하는 미국에서 발행된 self-teaching 형태의 텍스트는, 수학 학습의 어려움 속에서 헤매고 있는 한국의 학생들에게 가장 적합한 교재로서, 가장 완벽한 Math/수학 교사이다.

초중고 학생에서부터 성인까지 본 글에서 나열된 순서대로 텍스트를 학습해 나가면, 가다 서다를 반복하고 때로는 완전히 이해를 못하고 넘어가게 되더라도, 결국은 누구나 수학과 영어에 마스터가 되면서 현대문명에서 요구하는 지적능력의 기본을 갖춘 인재가 되는 최고 최적의 목적지에 어렵지 않게 도달할 수 있다.

본 글의 목적은 Math를 스스로 학습할 수 있게 쉽게 작성된 미국의 수학 텍스트를 통해 수학/영어를 동시에 공부할 수 있게 안내하는 것으로,

누구나 초급(초등) 단계인 Grade 1~6의 Arithmetic(산수), 중고등 단계인 Algebra 1, 2(대수/수학 1, 2), Geometry(기하)의 필수 단계를 거쳐, 최고급 단계인 Calculus(미적분)까지를 망라하여 스스로 공부할 수 있다. 누구나 나름대로의 시간과 노력으로 영어의 쓰임새와 수학의 논리를 이해하면서 영어/수학을 수월하게 마스터할 수 있다. 한국의 학생과 청년들에게, 한국어/한글 위주의 교육으로는 도저히 달성할 수 없는, 21세기 생존에 반드시 필요한 기본적이고 필수적인 영어/수학 지식을 스스로 갖출 수 있는 정보를 제공하는 것이다.

본 글에서 추천하는 미국의 수학 텍스트를 아마존, 알라딘 등의 온라인과 기존의 대형서점 등을 통해 구입하여 공부함으로써 자신만의 페이스로 목표를 달성할 수 있는 것이다. 이 과정을 가르쳐 줄 교사는 필요하지도, 주변에 존재하지도 않으며, 다만 본 글에서 제공하는 지침과 순서에 따라서 텍스트를 읽고 이해하는 것만으로 충분히 목표를 달성할 수 있다. 단지 각 개인이 처한 환경에 따른 최선의 노력만이 고유의 성취를 가져올 것이며, 21세기 문명의 지식을 흡수하고 활용하는 데 필요한 필수적인 기본기(essential fundamental)를 갖출 수 있게 된다.

- 한국인은 21세기 문명에서 제일 필요한 영어와 수학을 잘할 수 없다. 이것은 한글 위주의 교육으로부터 비롯되는 넘어설 수 없는 장벽이다. 특히 학업을 마치고 사회현장으로 향하는 청년들에게는 감당키 어려운 자신감 상실의 원천이다.
- 본 지침은 이를 타파하기 위한 고민의 산물이며, 누구나 어렵지 않게 감당하고 실천할 수 있는 현실적인 최고 최선의 타개책이다.

- 수학(Math)은 영어의 개념적 논리로 쓰여진 학문이다. 한국어로는 수학의 논리를 충분히 설명할 수 없고, 결국은 학생을 이해시킬 수 없게 되는 것이다.
- 수학(Math)은 영어의 개념으로만 온전히 이해될 수 있으므로, 역설적으로 본 텍스트는 한국인에게 영어라는 언어를 쉽고 체계적으로 배울 수 있는 최고의 영어 텍스트이다. 여기에 숙달되면 당연히 모든 학문의 원서를 어렵지 않게 읽을 수 있게 되는 영문 독해 요령을 갖추게 되어, 일석이조 이상의 내공을 갖추게 된다.

수학/Math은 영어의 논리로 이루어진 학문으로, 한국어로써 수학논리를 풀어 나간다는 것은 고급 단계로 올라갈수록 불가능해지는 것이다. 조금만 논리가 복잡해지면 겉핥기에 불과한 최종적 결론에 해당되는 공식(formula)을, 유도 과정을 생략한 채 등장시키고, 이를 이용한 문제풀이로 넘어간다. 이는 수학/Math의 중요 과정을 누락시키는 간과할 수 없는 오류이다. 이로 인해 우리는 원주율(ratio of the circumference of a circle to its diameter)이라 칭하는 'π'가 어떻게 유도되는지를 설명하지 못하고, 원의 둘레를 계산하는데 일방적으로 사용하는 것이다. 이것은 수많은 사례 중에서 한 가지 예에 불과한 것으로, K-수학에서는 Math에 등장하는 수많은 수학적 이슈(issue)가 생략되었다. 따라서 K-수학은 겉치레에 불과한 엉터리 수학인 것이다.

- 본 글에서 소개하는 Math 텍스트를 학습하게 되면 이러한 오류를 잠재우게 된다. 논리의 생략이라는 것은 있을 수가 없다. 단지 설명된 기

술은 이해하는 데 필요한 정상적인 노력과 시간이 개인의 특성에 따라서 조금 더 소요되는 정도의 차이가 있을 뿐이다. 그러나 이러한 학습 과정에서 수학/Math이라는 학문을 배우는 진지한 흥미가 배어 나오는 것이다.

- K-수학에 있어서 과도한 생략과 돌발성은 학문의 즐거움을 두려움으로 전환시키고 마는 부작용을 학생들에게 전파하는 것이다.

21세기 문명의 소프트웨어인 영어는 한국어로는 도저히 표현할 수 없는 수많은 경지를 가진 언어로서, 영어를 잘하기 위해 영어를 배운다는 것은 한국인에게는 스스로 인식하기 어려운 엄청난 모순점은 안고 있는 것으로, 대개는 그 끝을 알 수 없는 무모한 도전으로, 영어라는 언어의 밀림 속을 이리저리 헤매다 끝내고 마는 프로세스를 영원히 되풀이하고 있는 것이다. 이러한 과정에서 고급 단계에 도달해서 수학을 영어로 배운다는 것은 수학의 논리를 설명하는 말(words)을 도대체 이해할 수 없게 되며, 수학도 못하고 영어도 못한 채 결국은 자포자기 형태로 스스로 포기하게 되는 것이다.

- 이것은 영어를 배우는 방법이 크게 잘못되어 벌어지는 현상으로, 개인의 능력으로는 도저히 극복할 수 없는 장벽에 봉착한 것이다.

수학을 초급에서부터 배우게 하는 것은 기초 단계의 논리를 설명하는 영어라는 언어의 쓰임새를 파악하면서 수학의 논리와 이를 설명하는 영어라는 언어의 전개 과정을 익힐 수 있는 소중한 기회이기 때문이다. 이를 거쳐야 영어와 수학을 체계적으로 이해할 수 있기 때문이며, 이후로 어떠한 새로운 논리가 등장하여도 이를 무난히 소화할 수 있는 능력을 갖출 수 있게 된다.

★ 학습 순서(총 12권)

1번: Barron's common core success GRADE 1~6 MATH (6권, 권당 13달러/15,000원 정도)
2번: Barron's E-Z PRE-ALGEBRA (1권, 15달러/18,000원 정도, 생략 가능)
3번: Barron's E-Z ALGEBRA (1권, 17달러/20,000원 정도)
4번: Barron's E-Z GEOMETRY (1권, 17달러/20,000원 정도)
5번: Barron's E-Z ALGEBRA 2 (1권, 17달러/20,000원 정도)
6번: Barron's E-Z PRE-CALCULUS (1권, 17달러/20,000원 정도)
7번: Barron's E-Z CALCULUS (1권, 17달러/20,000원 정도)

(주):

1. 누구나 초등 수준인 1번에서부터 시작하여야 한다. 결국은 최종 단계인 7번까지 학습하여야 대학에서 원하는 전공을 수강할 수 있는 수준의 수학 지식을 갖출 수 있다.
2. 문제 자체의 풀이보다는 글로 쓰여진 서술된 글의 내용을 이해하고, 사용된 낱말(words)의 의미를 이해하면서 진행한다. 막히거나 대충 짐작된 말은 대부분 뒤늦게 이해되므로 계속적인 진행, 되새김, 꾸준한 집중력이 요구된다.

3. 본 텍스트의 장점은 셀프티칭(self-teaching)이라는 말 그대로 본 텍스트에 나오는 설명만으로도 충분히 이해할 수 있다는 것이다. 수학논리의 도입 단계를 이야기(story) 형태로 풀어내는 설명의 내레이션(narration)은 수학논리의 도입과 전개를 소개하고 풀어 주는 훌륭한 교사(teacher)인 것이다. K-수학에서 막혔던 궁금증을 풀어 주는 본 텍스트의 내레이션에서 우리는 "아하"라는 감탄사를 연발하고, 그간에 막혔던 수학의 흥미를 되찾게 될 것이다.
4. 보통 이상의 어려운 표현이나 난해한 설명은 수학의 전개에 있어서 있을 수 없으므로 부정적인 고정관념이나 선입견은 회피하여야 한다. 영어로 설명되는 수학의 논리는 모두 보통의 감수성으로 이해될 수 있게끔 기술된다.
5. 번역을 하지 말고 영어로 자연스레 이해되어야 하며, 이러한 인지능력이 영어를 자신의 고유언어로 정착시키며, 나아가서는 고급 단계 논리의 개념을 자연스레 이해할 수 있게 된다.
6. 서술형 문제(word problems)에 있어 문제의 의미를 온전히 이해하고 넘어가야 한다. 그것이 해당 이슈(issue)에 대한 이해 정도 유무를 판가름한다.
7. 현수준의 단계가 이해가 안 된다면, 다시 무난한 수준으로 역행하여 다시 진행하면서 완벽한 이해를 추구하여야 한다.
8. 셀프티칭(self-teaching) 학습의 장점은 적당히 이해하고 진도를 진행하여도 부담이 없는 것이다. 이해가 막히면 언제든 후진하여 필요한 지식을 되새김으로 충족시키고 진행할 수 있다. 자신이 자기학습의 지휘자(conductor)인 것이다.

9. 학습 과정에서의 의문사항은 대부분 학습의 진행상태에서 자연스럽게 스스로 풀어 나갈 수 있게 된다. 그러나 정 풀리지 않는 경우는 이메일(sdhnps@naver.com)을 통해 저자에게 조언을 구할 수 있다.
10. 모두 미국의 출판사인 BARRON'S에서 발행된 텍스트로 아마존(amazon.com), 알라딘, 대형서점 등을 통해 구입 가능하다. 아마존에서는 중고품(used) 텍스트도 판매한다. (2번의 경우 신품이 없어 중고품을 구매함.)

텍스트 학습 주안점

(텍스트 전반에 걸친 학습 주안점)

- *본 프로세스를 설명하는 말인 영어를 접하고, 관련 그림과 숫자로 표현되는 수식을 보면서, 영어로 기술되는 낱말(word)과 문장(sentence)을 바로 완전히 이해하지 못해도, 차차 전체적 설명문의 의미하는 바를 알 수 있게 되고, 이를 통해 기술된 낱말과 문장의 뜻을 (거꾸로) 추정하고 결국은 완전히 이해하게 된다. 학습의 진행 과정에서 저절로 영어 표현에 섬세함을 느끼고, 영어로 기술되는 낱말 하나 하나의 의미가 구별되어 인식되고, 이를 통해 수학적 개념의 이해를 촉진시키는 효과를 가져오고, 반복적 기술을 통해 이에 익숙해지게 된다. 이러한 점진적 학습효과가 누적되어야, 영어 실력이 시나브로 향상되고, 중급을 거쳐 고급 단계로 무리 없이 진행될 수 있다.*
- *이것이 누구나 기초 단계에서부터 시작하여야 하는 이유이고, 중급을 거쳐 고급 단계에 쉽고 빠르게 도달할 수 있는 정도(right path)를 걷게 되는 최선의 과정이다.*

- *여기서 소개되는 모든 교재(textbooks)는, 교사의 도움 없이도 혼자서 읽고 이해하고 풀어 갈 수 있도록 쓰여진 self-teaching의 텍스트이다. 초등생부터 일반인까지 누구나 영어에 대한 초보적 소양만 있으면 쉽게 시작할 수 있고, 쏠쏠한 재미와 성취감을 느끼면서, 수학이라는 산을 하이킹하듯이 오르는 것으로, 꾸준한 인내의 페이스만 유지한다면 이윽고 정상에 도달하는 희열을 맛볼 수 있을 것이다.*
- *학습 과정에서 이해가 막히면 해당되는 문제의 시작점으로 되돌아가서 다시금 학습 시야를 점검하고 이해를 공고히 하는 행위를 몇 번이고 하여야 한다. 지나온 과정을 재해석하면서 살펴보는 이러한 반복적 학습 과정은 더욱 수학적 내공을 깊게 다질 수 있는 바람직한 현상이다.*
- *여기에 소개되는 Math 교재들은 이러한 반복적 학습이 가능하게 설계된, 강사, 교사 등의 3자 개입이 불필요한 최고의 독학(self-study) 텍스트이다.*
- *각각의 영어 콘텐츠에 부가로 기술된 한글 주석은 K-수학의 용어 위주로 쓰여진 것으로서, K-수학과의 진도를 비교하는데 도움을 주기 위한 참고용 코멘트이다.*
- *K-수학에서 사용되는 용어는 Math의 용어를 번역/번안한 것으로, 누군가의 노심초사를 거쳐 만든 것이겠으나, 어쩔 수 없이 본래의 수학적 개념과 의미가 조금씩 왜곡된 것이 대부분이다. 그러므로 한글로 된 K-수학의 말과 용어는 Math를 한국의 교과 과정과 비교하는 데 필요한 일시적 참고용으로만 이용되어야 잘못된 개념으로 인한 혼란과 불통의 함정에 갇히지 않는다. 항상 영어적 의미로 생각하고 해석하*

여야 소기의 목적을 달성할 수 있다.

(텍스트별 주안점)

- *GRADE 1-6: 수학에 대한 기초적 개념을 빌드 업(build-up)하는 단계로, Arithmetic(산수)에 대한 정석적 개념과 Statistics(통계), Geometry(기하) 등의 기초적 개념까지 아우른다. 특히 그림을 곁들인 설명을 통한 내레이션(narration)은 처음 대하는 말(영어표현)에 대한 이해를 저절로 깨우쳐 갈 수 있는 훌륭한 모멘텀(momentum)을 제공한다. 이러한 프로세스에서 학생은 영어라는 언어 숙달의 일취월장(ever-advancing) 기회를 맞이하게 될 것이다.*
- *PRE-ALGEBRA: 본격적인 Algebra(대수)를 시작하기 전 기본개념을 학습하는 단계로, 누구에게나 지루하지 않고 쉽게 Math의 개념과 중요성을 느끼게 하는 기초적인 예습 단계의 Algebra 텍스트이다. (출판 중지 등으로 텍스트를 구입하기 곤란한 경우는 생략하여도 무방하다.)*
- *ALGEBRA: 본 텍스트는 현실과는 다소 동떨어진 '카멜라 왕국'이라는 무대를 배경으로 한 주인공의 모험적 에피소드(episode) 배경의 내레이션으로 진행되며, Algebra의 개념이 어떻게 시작되는가를 소개하는 흥미로운 수학논리의 전개 과정이다. Arithmetic(산술적) 계산만을 할 줄 아는 왕국의 등장 인물들이 모여, 모험적 일상을 통해 처음으로 Algebra(대수)의 세계를 발견해 내는 진지한 이야기이다. 누구에게나 지루하지 않고 쉽게 Algebra 세계에 빠져들게 하는, 기존의 Math/수학은 어려운 과목이라는 선입견을 불식시키는, 누구의 도움 없이도 스스로 배워 나갈 수 있게끔 새로운 시각으로 쓰여진 최고의 self-teaching*

텍스트이다.

- GEOMETRY: 본 텍스트는 쉽게 Geometry(기하)라는 Math의 정수를 오랜 경험과 연구를 바탕으로, 쉬운 문체와 흥미로운 시각으로 쓰여진 self-teaching 텍스트이다. Geometry(기하)라는 학문은 영어로는 쉽게 설명이 되는 쉬운 논리의 학습이지만, 한국어로는 설명을 위한 묘사가 어렵거나 불가능한 언어적 영역이 많기 때문에 본 교재의 학습 과정을 통해 영어적 표현에 더욱 친숙하여진다.
- ALGEBRA 2: 본격적인 수학의 핵심 과정이다. 우리를 어렵게 하는 여러가지 수학의 개념과 한국어로는 설명을 감당할 수 없어 소개되지 못하고 포기된, 그렇지만 아주 중요한 여러가지 이슈(issue)가 어렵지 않게 소개되고 설명된다.

여기까지가 우리의 고등 수학 과정의 대부분(미적분 초기 과정은 예외로 함)에 속하는 것이나, K-수학에서는 많은 이슈가 소개되지 못하고 지나쳐 버린 것이다. 이러한 것들은 영어가 아니면 쉽게 묘사(describe)할 수 없는 영어만의 개념인 것이다. 즉 오로지 영어적인 사고로만 쉽게 이해될 수 있음을 깨닫게 될 것이다. 많은 K-수학의 용어가 적절하지 않게 사용되고 있음을 느끼면서, 영어로 하는 수학이 참으로 쉽고 깊이가 있고 흥미진진함에 탄복하게 된다.

이러한 과정을 밟는다는 것은 영어라는 언어적 고찰이 숙성된 것이며, 사전(dictionary)만 있으면 어떠한 낯선 말이라도 쉽게 이해를 가져갈 수 있는 상당한 내공의 경지에 도달한 것이다.

- PRE-CALCULUS: 본격적인 Calculus(미적분) 사전 단계로, Algebra 2와 Calculus 중간 단계의 고등수학으로, 어렵지는 않으나 K-수학에서

는 전혀 다룰 수 없는 개념의 이슈를 다루고 있어 깊은 수학의 맛을 느끼게 한다.

- *CALCULUS: ALGEBRA 텍스트의 경우처럼, 현실과는 다소 동떨어진 '카멜라 왕국'이라는 무대를 배경으로 한 주인공의 모험적 에피소드 배경의 내레이션으로 진행된다.*

우리가 미적분이라 칭하는 Calculus는 순수한 최고의 수학적 개념이다. 이 개념을 소개하기 위해, ALGEBRA 경우처럼, 에피소드를 도입한 내레이션으로 우리의 실생활에서 도출되는 문제를 풀어 나가는 데 Calculus가 어떻게 이용되고 있는가를 보여 줌으로써, '아하, 그렇구나!' 하는 감탄사와 더불어 그야말로 왜 Math를 해야 하는지에 대한 깨달음을 던져 준다. 여기까지 정진하여야 현대문명이 요구하는 최소한의 지적 능력을 비로소 갖추게 되었음을 자각(recognize)하게 된다. Advanced Mathematics로 지칭되는 공학/경제 등의 전문적 지식(expertise)의 빌드 업(build up)에 필요한 수학적 모델(model)의 기본 개념을 수립하는 기본적(fundamental) 과정이다.

텍스트별 학습사항(contents) 소개

GRADE 1/2/3/4/5/6 (초등 수학)

Barron's *(배런즈)*

COMMON CORE SUCCESS *(공통 핵심 과제)*

GRADE 1 *(초등 1)*

Unit 1: CORE Problem-Solving Concepts

- *(핵심) 문제를 풀기 위한 개념*

Step 1: Understand

- *문제를 이해한다.*

Step 2: Identity the Numbers

- *문제를 풀기 위해 필요한 숫자를 찾아낸다.*

Step 3: Name the Operation

- *어떠한 계산 방법이 필요한지 생각한다.*

Step 4: Use a Model to Solve

- *풀이에 이용할 모델(방법)을 찾아낸다.*

Step 5: Use Math Vocabulary to Explain

- *수학 용어를 사용하여 답을 찾는 과정을 설명한다.*

Unit 2: CORE Addition Concepts

- *덧셈 개념*

Use Pictures to Add

- 그림을 이용한 덧셈 설명

Use Counters to Add

- 낱개를 이용한 덧셈 설명

Add in any Order

- 덧셈에서 순서는 상관이 없다.

Unit 3: CORE Subtraction Concepts

- 뺄셈 개념

Use Pictures to Subtract

- 그림을 이용한 뺄셈 설명

Use Counters to Subtract

- 낱개를 이용한 뺄셈 설명

Subtract and Compare

- 빼기와 비교

〈Stop and Think! Units 2-3〉

- 2-3과 생각하기

Review *(검토)*

Understand *(이해)*

Discover *(발견)*

Unit 4: CORE Addition and Subtraction Strategies

- 덧셈과 뺄셈에서의 전략

Use a Double Ten Frame to Add

- 10 프레임 2개를 이용한 덧셈

Count On to Add

- (하나씩) 세어서 더하기

Use a Double Ten Frame to Subtract

- 10 프레임 2개를 이용한 뺄셈

Use Addition to Subtract

- 덧셈을 이용한 뺄셈

Add Three Numbers

- 3개의 수를 더하기

Unit 5: CORE Relationships with Operations

- 계산에서의 상관관계

Find Missing Numbers

- 빠진 수를 찾아내기

Choose an Operation

- 계산 방법을 선택하기

Equal or Not Equal

- '같음' 또는 '같지 않음'을 판단하기

〈Stop and Think! Units 4-5〉

- 4-5과 생각하기

Review *(검토)*

Understand *(이해)*

Discover *(발견)*

Unit 6: CORE Number Concepts

- 수(숫자)의 개념

Count by Ones and Tens to 120

- 1단위와 10단위로 120까지 세기

Tens and Ones Through 120

- 120까지의 10단위와 1단위

Compare Numbers Using 〈, 〉, =

- 〈, 〉, = 기호를 이용하여 숫자를 비교하기

Unit 7: CORE Two-Digit Addition and Subtraction

- 2자리수 덧셈과 뺄셈

Add and Subtract Tens

- 10자리수 더하기와 빼기

Mental Math: Add 10 or Subtract 10

- 암산: 10 더하기 또는 10 빼기

Use Tens and Ones to Add

- 10자리 수와 1자리 수를 이용한 더하기

〈Stop and Think! Units 6-7〉

- 6-7과 생각하기

Review *(검토)*

Understand *(이해)*

Discover *(발견)*

Unit 8: CORE Measurement and Data Concepts

- *측정 및 데이터 개념*

Order and Compare Lengths

- *주문(오더)와 길이의 비교*

Use Non-Standard Units

- *비-표준 단위의 사용*

Tell Time

- *시간 말하기*

Picture Graphs

- *그림 그래프*

Bar Graphs and Tally Charts

- *막대 그래프와 검수 표(차트)*

Unit 9: CORE Geometry Concepts

- *기하 개념*

Describe Two-Dimensional Shapes

- *2차원 모양을 설명하기*

Circles and Rectangles: Halves and Fourths

- *원과 사각형: 2등분과 4등분*

Describe Three-Dimensional Shapes

- 3차원 모양을 설명하기

Combine Three-Dimensional Shapes

- 3차원 모양을 결합하기

〈Stop and Think! Units 8-9〉

- 8-9과 생각하기

Review *(검토)*

Understand *(이해)*

Discover *(발견)*

〈Answer Key〉

- 해답 키

〈Resource Pages〉

- 학습 자료

Barron's *(배런즈)*

COMMON CORE SUCCESS *(공통 핵심 과제)*

GRADE 2 *(초등 2)*

Unit 1: CORE Problem-Solving Concepts

- 문제를 풀기 위한 개념

Step 1: Understand

- 문제를 이해한다.

Step 2: Identify

- 어떠한 수와 단어가 필요한지를 알아낸다.

Step 3: Recognize the Supporting Details

- 부연 설명을 인지한다.

Steps 4-5: Solve and Label

- 풀이와 표기를 한다.

Step 6: Explain

- 수학 용어를 사용하여 답과 과정을 설명한다.

Unit 2: CORE Number Concepts

- 수(숫자)의 개념

Odd or Even?

- 홀수 또는 짝수?

Equal Addends and Even Numbers

- 같은 숫자 더하기와 짝수

Skip-Counting by 5s, 10s, and 100s

- 5자리, 10자리, 100자리 건너 띠기 셈하기

Show Three-Digit Numbers with Base-Ten Blocks

- 10 블록을 사용하여 3자리 수 표시

Expanded and Word Form

- 확장 형태와 문자 형태

Show Numbers Different Ways

- 수를 표시하는 여러가지 방법

Compare Three-Digit Numbers

- 3자리 수를 비교하기

Mentally Add or Subtract 10 or 100

- 암산으로 10 또는 100을 더하거나 빼기

〈Stop and Think! Units 2〉

- 2과 생각하기

Review *(검토)*

Understand *(이해)*

Discover *(발견)*

Unit 3: CORE Fact Concepts

- 실제적으로 생각하기

Addition and Subtraction Mental Fact Strategies

- 덧셈과 뺄셈에서의 암산을 위한 실제적 전략

Addition and Subtraction Fact Practice

- 덧셈과 뺄셈의 실제적 연습

Addition and Subtraction Fact Families

- 덧셈과 뺄셈의 실제적 패밀리

Addition Using Arrays

- 배열을 이용한 덧셈

Unit 4: CORE Addition and Subtraction Concepts

- 덧셈과 뺄셈의 개념

Addition Using Place Value

- 자리 값을 이용한 덧셈하기

Addition Using the Arrow Method

- 화살표 방법을 이용한 덧셈하기

Make a Ten and Add On

- 10을 만들고 이후로 더하기

Regroup Using Place Value

- 자리 값을 이용한 재편성

Add Numbers in a Series

- 연속적인 수 더하기

Add Three-Digit Numbers

- 3자리 수 더하기

Subtraction Using Place Value

- 자리 값을 이용한 뺄셈하기

Add Up to Subtract

- *빼기를 위한 더하기*

Subtraction Using the Arrow Method

- *화살표 방법을 이용한 뺄셈하기*

Subtract Two-Digit Numbers with Regrouping

- *재편성으로 2자리 수 뺄셈하기*

Subtract Three-Digit Numbers with Regrouping

- *재편성으로 3자리 수 뺄셈하기*

〈Stop and Think! Units 3-4〉

- *3-4과 생각하기*

Review *(검토)*

Understand *(이해)*

Discover *(발견)*

Unit 5: CORE Money and Time Concepts

- *화폐와 시간의 개념*

What Time Is It?

- *현재 시간은?*

A.M. or P.M.?

- *오전 또는 오후?*

Dollars and Cents

- *달러와 센트*

Make Money Different Ways

- 돈을 계산하는 여러가지 방법

Unit 6: CORE Measurement and Data Concepts

- 측정 및 데이터 개념

Measure the Length

- 길이를 측정하기

Guess the Length

- 길이를 추정하기

Measure the Same Length with Different Units

- 같은 길이를 여러 단위로 측정하기

Compare the Lengths

- 길이를 비교하기

Solve Problems by Adding and Subtracting Lengths

- 길이의 덧셈과 뺄셈을 통한 문제 풀이

Picture Graphs

- 그림 그래프

Bar Graphs

- 막대 그래프

Line Plots

- 라인 플롯

〈Stop and Think! Units 5-6〉

- 5-6과 생각하기

Review *(검토)*

Understand *(이해)*

Discover *(발견)*

Unit 7: CORE Geometry Concepts

- 기하 개념

Polygons and Shapes

- 다각형과 모양

The Cube

- 정육면체

Let's Draw Polygons

- 다각형 그리기

The Great Rectangle Divide

- 큰 직사각형을 분할하기

Unit 8: CORE Fraction Concepts

- 분할 개념

What Is a Fraction?

- 분할이란?

Name the Fraction

- 분할 명칭

Fraction Action with Rectangles and Circles

- *직사각형과 원의 분할*

Are Equal Shares Equal Fractions?

- *균등 배분이 균등 분할인가?*

〈Stop and Think! Units 7-8〉

- *7-8과 생각하기*

Review *(검토)*

Understand *(이해)*

Discover *(발견)*

〈Answer Key〉

- *해답 키*

Barron's *(배런즈)*

COMMON CORE SUCCESS *(공통 핵심 과제)*

GRADE 3 *(초등 3)*

Unit 1: CORE Problem-Solving Concepts

- 문제를 풀기 위한 개념

Step 1: Understand

- 문제를 이해한다.

Step 2: Identify

- 어떠한 수와 단어가 필요한지를 알아낸다.

Step 3: Recognize the Supporting Details

- 부연 설명을 인지한다.

Steps 4-5: Solve and Label

- 풀이와 표기를 한다.

Step 6: Explain

- 수학 용어를 사용하여 답과 과정을 설명한다.

Unit 2: CORE Addition and Subtraction Concepts

- 덧셈과 뺄셈의 개념

Patterns and Properties

- 패턴과 속성

Rounding to 10

- 10으로의 반올림

Rounding to 100

- 100으로의 반올림

Methods of Addition

- 덧셈 방법

Methods of Subtraction

- 뺄셈 방법

Estimating Sums and Differences

- 더하기와 빼기의 대략적인 계산

〈Stop and Think! Units 2〉

- 2과 생각하기

Review *(검토)*

Understand *(이해)*

Discover *(발견)*

Unit 3: CORE Multiplication Concepts

- 곱셈의 개념

Connecting Addition and Multiplication

- 덧셈과 곱셈의 연결

Skip-Counting

- 건너뛰기 셈

Multiplying with Arrays

- 배열을 이용한 곱하기

The Commutative Property

- 교환 속성

Mastering Multiplication

- 곱셈 정복하기 (구구단)

The Distributive Property

- 쪼개기 계산 속성

The Associative Property

- 연계 속성

Number Patterns in Multiplication

- 곱셈에서의 숫자 패턴

Multiplying with 10s

- 10자리의 수 곱하기

〈Stop and Think! Units 3〉

- 3과 생각하기

Review *(검토)*

Understand *(이해)*

Discover *(발견)*

Unit 4: CORE Division Concepts

- 나눗셈의 개념

Making Equal Groups

- 균등한 그룹 만들기

Connecting Subtraction and Division

- 뺄셈과 나눗셈을 연결하기

Dividing with Arrays

- 배열을 이용한 나누기

Connecting Multiplication and Division

- 곱셈과 나눗셈을 연결하기

Multiplying and Dividing by 0 and 1

- 0과 1에 의한 곱하기와 나누기

Division Facts

- 나눗셈 익히기

Find the Unknown Number

- 미지의 수 찾기

Two Step Problems and Equations

- 2 단계의 문제와 등식(방정식)

〈Stop and Think! Units 4〉

- 4과 생각하기

Review (검토)

Understand (이해)

Discover (발견)

Unit 5: CORE Fraction Concepts

- 분수(분할)의 개념

Understanding Fractions

- 분수(분할)을 이해하기

Unit Fractions and Other Fractions

- 단위 분수와 그 외 분수

Fractions on a Number Line

- 숫자 선에서의 분수

Relate Fractions and Whole Numbers

- 분수와 정수를 연결하기

Compare Fractions with the Same Denominator

- 같은 분모의 분수 비교하기

Compare Fractions with the Same Numerator

- 같은 분자의 분수 비교하기

Compare and Ordering Fractions

- 분수를 비교하고 순서 정하기

Equivalent Fractions

- 동등한 분수(분할)

〈Stop and Think! Units 5〉

- 5과 생각하기

Review *(검토)*

Understand *(이해)*

Discover *(발견)*

Unit 6: CORE Data Concepts

- 데이터 개념

Picture Graphs and Bar Graphs

- 그림 그래프와 막대 그래프

Line Plots

- 라인 플롯

〈Stop and Think! Units 6〉

- 6과 생각하기

Review *(검토)*

Understand *(이해)*

Discover *(발견)*

Unit 7: CORE Measurement Concepts

- 측정 개념

Telling and Writing Time

- 시간에 대해 말하기와 쓰기

Intervals of Time

- 시간 간격

Lengths, Mass, and Liquid Volume

- 길이, 질량, 및 액체 부피

〈Stop and Think! Units 7〉

- 7과 생각하기

Review *(검토)*

Understand *(이해)*

Discover *(발견)*

Unit 8: CORE Perimeter and Area Concepts

- 둘레와 면적 개념

What Is Perimeter?

- '둘레'란 무엇인가?

Using Perimeter to Find Missing Sides

- 둘레를 이용하여 미확인 된 측면을 계산

What Is Area?

- '면적'이란 무엇인가?

More Work with Area

- 면적을 계산하는 여러 방법

Use Smaller Rectangles to Find Area

- 작은 직사각형을 이용하여 면적을 산출

Relating Perimeter and Area

- 둘레와 면적의 연관성

〈Stop and Think! Units 8〉

- 8과 생각하기

Review *(검토)*

Understand *(이해)*

Discover *(발견)*

Unit 9: CORE Geometry Concepts

- 기하 개념

Shapes and Attributes

- 모양과 속성

Quadrilaterals

- 사각형

Partitioned Shapes, Equal Area, and Unit Fractions

- 분할된 형상(모양), 동등한 면적, 및 단위 분할(쪼개기)

〈Stop and Think! Units 9〉

- 9과 생각하기

Review *(검토)*

Understand *(이해)*

Discover *(발견)*

〈Answer Key〉

- 해답 키

Barron's *(배런즈)*

COMMON CORE SUCCESS *(공통 핵심 과제)*

GRADE 4 *(초등 4)*

Unit 1: CORE Problem-Solving Concepts

- 문제를 풀기 위한 개념

Step 1: Understand

- 문제를 이해한다.

Step 2: Identify

- 어떠한 수와 단어가 필요한지를 알아낸다.

Step 3: Recognize the Supporting Details

- 부연 설명을 인지한다.

Steps 4-5: Solve and Label

- 풀이와 표기를 한다.

Step 6: Explain

- 수학 용어를 사용하여 답과 과정을 설명한다.

Unit 2: CORE Number Concepts

- 수(숫자)의 개념

Place Value Relationships

- 자리 값의 상관관계

Rename the Number

- 숫자를 다르게 부르기

Expanded and Word Form

- 확장과 글자 형태

Compare and Order Numbers to 1,000,000

- 1,000,000까지 숫자 비교와 (크기) 순서

Rounding Multi-Digit Numbers

- 여러 자리 숫자의 반올림

Addition and Subtraction of Multi-Digit Numbers

- 여러 자리 숫자의 덧셈과 뺄셈

Unit 3: CORE Factor and Divisibility Concepts

- 인수와 가분성(쪼개기) 개념

Factors

- 인수

Multiples

- 배수

Divisibility Rules

- 가분성 규칙

Prime and Composite Numbers

- 소수와 합성수

Number Patterns

- 숫자 패턴

〈Stop and Think! Units 2-3〉

- 2-3과 생각하기

Review *(검토)*

Understand *(이해)*

Discover *(발견)*

Unit 4: CORE Multiplication Concepts

- 곱셈 개념

Understanding Multiplication

- 곱셈 이해하기

Multiplying with Tens, Hundreds, and Thousands

- 10단위, 100단위, 및 1,000단위 수 곱하기

Methods of Multiplication

- 곱셈의 방법

Multiply with Regrouping

- 곱하기 후에 더하기

Multiply Two Two-Digit Numbers

- 2자리의 숫자 2개를 곱하기

Unit 5: CORE Concepts of Area and Perimeter

- 면적과 둘레 개념

Area

- 면적

Area Models and Partial Products

- 면적 모델과 나머지 곱하기

Area by Combining Rectangles

- 직사각형의 결합을 통한 면적

Area by Excluding Rectangles

- 직사각형의 제외를 통한 면적

Perimeter

- 둘레

Apply Area and Perimeter Formulas

- 면적과 둘레 공식의 적용

〈Stop and Think! Units 4-5〉

- 4-5과 생각하기

Review *(검토)*

Understand *(이해)*

Discover *(발견)*

Unit 6: CORE Division Concepts

- 나눗셈 개념

Understanding Division—Estimate a Quotient

- 나눗셈 이해—몫의 추산

Division with Partial Quotients

- 부분 몫을 통한 나눗셈

Repeated Subtraction Strategy

- 반복적 뺄셈 전략

Division with the Distributive Property

- 분배 속성을 통한 나눗셈

Remainders

- 나머지

Understanding Remainders

- 나머지에 대한 이해

Divide by 10, 100, or 1,000

- 10, 100, 또는 1,000의 곱 수를 나누기

Divide by One Digit

- 한자리 수로 나누기

〈Stop and Think! Units 6〉

- 6과 생각하기

Review *(검토)*

Understand *(이해)*

Discover *(발견)*

Unit 7: CORE Fractions Concepts

- 분할(분수) 개념

Equivalent Fractions

- 동등한 분할(분수)

Fractions in Simplest Form

- 분수의 단순화(약분)

Common Denominators

- 공통 분모

Compare Fractions

- 분수의 비교

Order Fractions

- 분수의 (크기순) 정렬

Break Apart Fractions

- 분수 쪼개기

Rename Fractions and Mixed Numbers

- 분수의 개조와 대분수

〈Stop and Think! Units 7〉

- 7과 생각하기

Review *(검토)*

Understand *(이해)*

Discover *(발견)*

Unit 8: CORE Operations with Fractions

- 분수의 계산

Add and Subtract Fractions with Like Denominators

- 같은 분모를 가진 분수의 더하기 빼기

Add and Subtract Mixed Numbers

- 대분수의 더하기 빼기

Subtract Mixed Numbers with Renaming

- 대분수를 개조 후 빼기

Multiply Unit Fractions by Whole Numbers

- 단위 분수를 정수로 곱하기

Multiply Fractions or Mixed Numbers by Whole Numbers

- 분수 또는 대분수를 정수로 곱하기

Unit 9: CORE Decimals Concepts

- 소수(소수점) 개념

Tenths and Hundredths

- 소수점 (이후) 첫째와 둘째 자리 수

Equivalent Fractions and Decimals

- 동등한 분수와 소수

Fractions—Decimals—Money

- 분수—소수—화폐

Compare Decimals

- 소수 (크기) 비교

Add Fractions and Decimals with Tenths and Hundredths

- 분수와 첫째와 둘째 자리 소수를 더하기

〈Stop and Think! Units 8-9〉

- 8-9과 생각하기

Review *(검토)*

Understand *(이해)*

Discover *(발견)*

Unit 10: CORE Geometry Concepts

- 기하 개념

Lines and Relationships

- 선과 선의 상관관계

Angles

- 각

Triangles

- 삼각형

Geometric Shape Patterns

- 기하적 형상(모양)의 패턴

Symmetry

- 대칭

Angles as Fractional Parts of a Circle

- 원의 분할 부분에 따른 각

Angles Are Measured in Degrees

- '도'의 단위로 측정되는 각 (각도)

How to Use Protractor

- 각도기 사용법

Angles Add Up

- 각도 더하기

〈Stop and Think! Units 10〉

- 10과 생각하기

Review *(검토)*

Understand *(이해)*

Discover *(발견)*

Unit 11: CORE Measurement Concepts

- 측정 개념

Customary Measurement

- 일상적 측정

Metric Measurement

- 미터법 측정

Elapsed Time

- 경과 시간

Line Plots

- 라인 플롯

〈Stop and Think! Units 11〉

- 11과 생각하기

Review *(검토)*

Understand *(이해)*

Discover *(발견)*

〈Answer Key〉

- 해답 키

Barron's *(배런즈)*

COMMON CORE SUCCESS *(공통 핵심 과제)*

GRADE 5 *(초등 5)*

Unit 1: CORE Problem-Solving Concepts

- 문제를 풀기 위한 개념

Step 1: Understand

- 문제를 이해한다.

Step 2: Identify

- 어떠한 수와 단어가 필요한지를 알아낸다.

Step 3: Recognize the Supporting Details

- 부연 설명을 인지한다.

Steps 4-5: Solve and Label

- 풀이와 표기를 한다.

Step 6: Explain

- 수학 용어를 사용하여 답과 과정을 설명한다.

Unit 2: CORE Place Value, Multiplication, and Expression Concepts

- 자리 값, 곱셈, 및 표현 개념

Place Value

- 자리 값

Powers of Ten (Exponents)

- 10의 몇 제곱 (지수)

Multiplication Using Partial Products and Area Models

- 부분적 곱하기와 면적 모델을 이용한 곱셈

Multiplication Using the Standard Algorithm

- 표준 알고리즘을 이용한 곱셈

Expressions

- 표현

Writing Expressions

- 쓰기 표현

〈Stop and Think! Units 2〉

- 2과 생각하기

Review *(검토)*

Understand *(이해)*

Discover *(발견)*

Unit 3: CORE Division Concepts

- 나눗셈 개념

Area Model Division

- 면적 모델을 이용한 나눗셈

Division with Partial Quotients

- 부분적 몫을 통한 나눗셈

Standard Division with One-Digit Divisors

- 한 자리 나눗수에 의한 표준 나눗셈

Standard Division with Two-Digit Divisors

- 두 자리 나눗수에 의한 표준 나눗셈

Division with Remainders

- 나머지가 있는 나눗셈

Interpreting Remainders

- 나머지에 대한 이해

〈Stop and Think! Units 3〉

- 3과 생각하기

Review *(검토)*

Understand *(이해)*

Discover *(발견)*

Unit 4: CORE Addition and Subtraction Decimals Concepts

- 소수의 덧셈과 뺄셈 개념

Place Value in Decimals

- 소수의 자리 값

Comparing and Ordering Decimals

- 소수의 비교와 (크기) 순서

Rounding Decimals

- 소수의 반올림

Adding and Subtracting Decimals

- 소수의 더하기 빼기

〈Stop and Think! Units 4〉

- 4과 생각하기

Review *(검토)*

Understand *(이해)*

Discover *(발견)*

Unit 5: CORE Multiplying and Dividing Decimals Concepts

- 소수의 곱하기 나누기 개념

Multiplication Patterns with Decimals

- 소수의 곱하기 패턴

Multiplying Decimals and Whole Numbers

- 소수와 정수의 곱하기

Multiplying Decimals

- 소수 곱하기

Division Patterns with Decimals

- 소수의 나눗셈 패턴

Dividing Decimals and Whole Numbers

- 소수와 정수의 나누기

Dividing Decimals

- 소수 나누기

〈Stop and Think! Units 5〉

- *5과 생각하기*

Review *(검토)*

Understand *(이해)*

Discover *(발견)*

Unit 6: CORE Adding and Subtracting Fractions Concepts

- *분수의 더하기 빼기 개념*

Adding and Subtracting Fractions with Unlike Denominators

- *분모가 다른 분수의 더하기 빼기*

The Common Denominator

- *공통 분모*

Adding and Subtracting Mixed Numbers

- *대분수의 더하기 빼기*

Subtracting Mixed Numbers with Regrouping

- *대분수를 재편성 후 빼기*

〈Stop and Think! Units 6〉

- *6과 생각하기*

Review *(검토)*

Understand *(이해)*

Discover *(발견)*

Unit 7: CORE Multiplying Fractions Concepts

- 분수의 곱하기 개념

Fractional Parts

- 분할된 파트

Making Sense of Fractions, Factors, and Products

- 분수, 인수, 및 곱셈 결과에 대한 고찰

Multiplying Fractions and Whole Numbers

- 분수와 정수의 곱하기

Multiplying Fractions

- 분수 곱하기

Area and Mixed Numbers

- 면적과 대분수

Multiplication with Mixed Numbers

- 대분수의 곱셈

〈Stop and Think! Units 7〉

- 7과 생각하기

Review *(검토)*

Understand *(이해)*

Discover *(발견)*

Unit 8: CORE Dividing Fractions Concepts

- 분수의 나누기 개념

Dividing Fractions and Whole Numbers

- 분수와 정수의 나누기

Using Models to Divide Fractions and Whole Numbers

- 분수와 정수를 나누기 위해 모델을 사용

Interpreting Fractions as Division

- 분수를 나누기로 해석

〈Stop and Think! Units 8〉

- 8과 생각하기

Review *(검토)*

Understand *(이해)*

Discover *(발견)*

Unit 9: CORE Graphing and Algebraic Pattern Concepts

- 그래프와 대수적 패턴 개념

Line Plots

- 라인 플롯

Ordered Pairs and Coordinate Planes

- 순서 쌍과 좌표 면

Line Graphs

- 직선 그래프

Identifying Numerical Patterns

- 숫자적 패턴의 규명

〈Stop and Think! Units 9〉

- 9과 생각하기

Review *(검토)*

Understand *(이해)*

Discover *(발견)*

Unit 10: CORE Converting Units of Measurement Concepts

- 측정 단위 변환의 개념

Customary Units of Length and Weight

- 길이와 무게의 일상적 단위

Customary Units of Capacity

- 용량의 일상적 단위

Metric Units of Length and Weight

- 길이와 무게의 미터 단위

Metric Units of Capacity

- 용량의 미터 단위

Elapsed Time

- 경과 시간

〈Stop and Think! Units 10〉

- 10과 생각하기

Review *(검토)*

Understand *(이해)*

Discover *(발견)*

Unit 11: CORE Geometry and Volume Concepts

- 기하와 체적 개념

Classifying Two-Dimensional Figures

- 2차원 모양의 구별

Exploring Volume

- 체적의 탐구

Apply Formulas to Find Volume

- 체적 계산을 위해 적용하는 공식

〈Stop and Think! Units 11〉

- 11과 생각하기

Review *(검토)*

Understand *(이해)*

Discover *(발견)*

〈Answer Key〉

- 해답 키

〈Measurement Charts〉

- 측정 단위 표

〈Fraction Strips〉

- 분수 스트립(띠)

Barron's *(배런즈)*

COMMON CORE SUCCESS *(공통 핵심 과제)*

GRADE 6 *(초등 6)*

Unit 1: CORE Problem-Solving Concepts

- 문제를 풀기 위한 개념

Step 1: Understand

- 문제를 이해한다.

Step 2: Identify

- 어떠한 수와 단어가 필요한지를 알아낸다.

Step 3: Recognize the Supporting Details

- 부연 설명을 인지한다.

Steps 4-5: Solve and Label

- 풀이와 표기를 한다.

Step 6: Explain

- 수학 용어를 사용하여 답과 과정을 설명한다.

Unit 2: CORE Ratio and Proportional Relationship Concepts

- 비와 비례적 관계 개념

Understanding Ratios

- 비 이해하기

Understanding Unit Rates

- 단위 비율 이해하기

Double Number Lines and Equivalent Ratios

- 2개의 숫자 선과 동일 비

Tables and Equivalent Ratios

- 표와 동일 비

Understanding Unit Price and Constant Speed

- 단가와 일정 속도 이해하기

Identifying Percent

- 퍼센트 알아보기

Finding Percent of a Number

- 수에 대한 퍼센트 계산하기

Using Tape Diagrams with Percentages

- 퍼센트를 산출하기 위한 테이프 도표 사용하기

Ratios and Unit Conversions

- 비와 단위 환산하기

〈Stop and Think! Units 2〉

- 2과 생각하기

Review *(검토)*

Understand *(이해)*

Discover *(발견)*

Unit 3: CORE Dividing Fractions Concepts

- 분수 나누기 개념

Dividing Fractions

- 분수 나누기

Dividing with Mixed Numbers

- 대분수 나누기

〈Stop and Think! Units 3〉

- 3과 생각하기

Review *(검토)*

Understand *(이해)*

Discover *(발견)*

Unit 4: CORE Number System Operation Concepts

- 수식 계산 개념

Division Review

- 나눗셈 검토

Adding Decimals

- 소수 더하기

Subtracting Decimals

- 소수 빼기

Multiplying Decimals

- 소수 곱하기

Dividing Decimals

- 소수 나누기

Greatest Common Factors

- 최대 공약 수

Least Common Multiples

- 최소 공배 수

〈Stop and Think! Units 4〉

- 4과 생각하기

Review *(검토)*

Understand *(이해)*

Discover *(발견)*

Unit 5: CORE Rational Number Concepts

- 유리수 개념

Understanding Integers

- 정수 이해하기

Graphing Integers on a Number Line

- 숫자 선상에 정수 표기하기

Comparing and Ordering Integers

- 정수를 비교하고 (크기) 순서 정하기

Ordering Rational Numbers

- 유리수의 (크기) 순서

Understanding Absolute Value

- 절대값 이해하기

Comparing With and Without Absolute Value

- *절대값 유무에 따른 비교*

Ordered Pairs on a Coordinate Plane

- *좌표 면의 순서 쌍*

Graphing Integers and Rational Numbers

- *정수와 분수를 좌표에 표시하기*

Graphing and Finding Distance on Coordinate Planes

- *좌표상에서의 거리 계산과 표시하기*

〈Stop and Think! Units 5〉

- *5과 생각하기*

Review *(검토)*

Understand *(이해)*

Discover *(발견)*

Unit 6: CORE Expression Concepts

- *표기 개념*

Numerical Expressions with Exponents

- *지수의 숫자적 표기*

Writing Expressions

- *표기를 서술하기*

Identifying Parts of Expressions

- *표기의 부분을 식별하기*

Evaluating Expressions

- 표기를 평가(계산)하기

Generating Equivalent Expressions

- 같은 표기를 만들기

Identifying Equivalent Expressions

- 같은 표기를 알아내기

More Work with Writing Expressions

- 서술적 표기를 응용하기

〈Stop and Think! Units 6〉

- 6과 생각하기

Review *(검토)*

Understand *(이해)*

Discover *(발견)*

Unit 7: CORE Equation Concepts

- 등식(방정식)의 개념

Solving Equations

- 등식 풀기

Solving Equations in Real World Contexts

- 복잡한 생활 속의 등식 풀이

Writing Inequalities

- 부등식을 서술하기

Solving Inequalities

- 부등식 풀기

Independent and Dependent Variables

- 독립과 종속 변수

Graphing Independent and Dependent Variables

- 독립과 종속 변수의 그래프 작성

〈Stop and Think! Units 7〉

- 7과 생각하기

Review *(검토)*

Understand *(이해)*

Discover *(발견)*

Unit 8: CORE Geometry Concepts

- 기하 개념

Area of Triangles and Quadrilaterals

- 삼각형과 사각형의 면적

Area of Composite Figures

- 복합 형상의 면적

Volume of Rectangular Prisms

- 직사각형 프리즘의 체적

Polygons on the Coordinate Plane

- 좌표면상의 다각형

Representing Three-Dimensional Figures Using Nets

- 조각도로 3차원 형상 묘사

Using Nets to Find Surface Area

- 조각도로 표면적 계산

〈Stop and Think! Units 8〉

- 8과 생각하기

Review *(검토)*

Understand *(이해)*

Discover *(발견)*

Unit 9: CORE Statistical Variability Concepts

- 통계적 변동성 개념

Recognizing Statistical Questions

- 통계적 문제의 인식

Measure of Center

- 중간값 측정

Measure of Variation

- 변동성 측정

Mean Absolute Deviation

- 평균 절대 편차

Dot Plots

- 도트 플롯

Histograms

- *히스토그램*

Box Plots

- *박스 플롯*

Choosing Measures to Describe Data

- *데이터 설명을 위한 측정치 선택*

〈Stop and Think! Units 9〉

- *9과 생각하기*

Review *(검토)*

Understand *(이해)*

Discover *(발견)*

〈Answer Key〉

- *해답 키*

〈Resources〉

- *학습자료*

Tape Diagrams

- *테이프 도표*

Number Lines

- *넘버 라인*

Coordinate Planes

- *좌표 면*

Grid Paper

- *모눈 종이*

Measurement Charts

- *측정 표*

텍스트별 학습사항(contents) 소개

Barron's

E-Z

PRE-ALGEBRA *(대수/수학 입문)*

1 Properties and Order of Operations

- 연산의 속성과 순서

1.1 Numbers and Sets

- 수와 수의 분류

1.2 Properties of Real Numbers

- 실수의 속성

1.3 Order of Operations

- 연산의 순서

Chapter Review

- 검토

2 Fractions

- 분수(분할)

2.1 Equivalent Fractions

- 동일한 분수

2.2 Adding Fractions

- 분수 덧셈

2.3 Subtracting Fractions

- 분수 뺄셈

2.4 Multiplying Fractions

- 분수 곱셈

2.5 Dividing Fractions

- 분수 나눗셈

2.6 Word Problems

- 서술 문제

Chapter Review

3 Decimals

- 소수

3.1 How Do We Read, Write, and Compare Decimals?

- 소수의 읽기, 쓰기 및 비교하기

3.2 How Do We Add and Subtract Decimals?

- 소수의 더하기와 빼기

3.3 How Do We Multiply Decimals?

- 소수의 곱하기

3.4 How Do We Divide Decimals?

- 소수의 나누기

Chapter Review

4 Integers

- 정수

4.1 What are Integers?

- '정수'란?

4.2 Adding Integers

- 정수의 더하기

4.3 Subtracting Integers

- 정수의 빼기

4.4 Multiplying and Dividing Integers

- 정수의 곱하기와 나누기

Chapter Review

5 Variables and Expressions

- 변수와 표기

5.1 Using Symbols

- 심볼 사용

5.2 Writing Expressions

- 표기 쓰기

5.3 Simplifying Expressions

- 표기 단순화

5.4 Evaluating Expressions

- 표기 평가

Chapter Review

6 Ratios and Proportions

- 비 및 비례

6.1 What Is a Ratio?

- '비'란 무엇인가?

6.2 What Is a Rate?

- '비율'이란 무엇인가?

6.3 Comparing Unit Rates

- 단위 비율

6.4 What Is a Proportion?

- '비례'란 무엇인가?

6.5 Solving Proportions

- 비례 (문제) 풀기

6.6 Similar Figures

- 닮은 꼴

6.7 Scale Drawings

- 비례 척도

6.8 Word Problems

- 서술 문제

Chapter Review

7 Percents and Percentages

- 퍼센트 및 백분율

7.1 What Is a Percent?

- *'퍼센트'란 무엇인가?*

7.2 How Do We Calculate a Percent?

- *퍼센트 계산하기*

7.3 How Do We Find the Whole, Given the Percent?

- *퍼센트를 가지고 전체를 산출하기*

7.4 How Do We Find the Percent?

- *퍼센트 구하기*

7.5 When Is Percent Used?

- *퍼센트 사용하기*

7.6 What Is Percent Increase or Decrease?

- *'퍼센트 증가 또는 감소'란 무엇인가?*

7.7 What Is Percent Error?

- *'퍼센트 에러(실수)'란 무엇인가?*

Chapter Review

8 Factors and Exponents

- *인수 및 지수*

8.1 What Are Factors, Factor Pairs, and Exponents?

- *'인수, 인수 쌍 및 지수'란 무엇인가?*

8.2 What Is Prime Factorization?

- *'소인수 분해'란 무엇인가?*

8.3 What Are Common Factors and Multiples?

- *'공약수, 공배수'란 무엇인가?*

8.4 What Are the Laws of Exponents?

- *'지수 법칙'이란 무엇인가?*

8.5 What Is Scientific Notation?

- *'과학적 기수법'이란 무엇인가?*

8.6 How Can We Evaluate Expressions with Exponents?

- *'지수 표기'를 어떻게 평가하나?*

Chapter Review

9 Solving Equations

- ***등식(방정식)의 풀이***

9.1 How Do We Solve a One-Step Equation?

- *1-스텝 등식 풀이 방법*

9.2 How Do We Solve a Two-Step Equation?

- *2-스텝 등식 풀이 방법*

9.3 How Can Combining Like Term Help Us?

- *동류항을 묶어서 풀이를 용이하게*

9.4 How Can the Distributive Property Help Us?

- *분배 속성으로 풀이를 용이하게*

9.5 How Can We Solve Multi-Step Equations?

- *멀티-스텝 등식 풀이 방법*

9.6 How Can We Write an Equation to Solve Problems Algebraically?

- *문제를 대수적으로 풀기 위한 등식 수립 방법*

Cumulative Review

- *종합 검토*

10 Solving Inequalities

- *부등식 풀이*

10.1 What Is an Inequality?

- *'부등식'이란?*

10.2 How Do We Represent Solutions of Inequalities?

- *부등식 풀이를 표기하는 방법*

10.3 How Do We Solve Inequalities?

- *부등식 풀이 방법*

10.4 How Can We Use Inequalities to Solve Word Problems?

- *서술형 문제 풀이를 위한 부등식 사용*

Chapter Review

11 Geometry

- *기하*

11.1 What are Angle Pair Relationships?

- *'각도 짝'의 상호 관계는?*

11.2 What are Vertical Angles?

- *'맞꼭지각'이란?*

11.3 What Happens When Parallel Lines Are Cut by a Transversal?

- *평행선이 횡단선과 교차할 때 발생하는 현상은?*

11.4 How Do We Classify Two-Dimensional Figures?

- 2차원 형상의 분류

11.5 What Is Area and Perimeter and How Do We Calculate Them?

- '면적'과 '둘레'란 무엇인가? 그리고 계산 방법은?

11.6 How Do We Classify Three-Dimensional Figures?

- 3차원 형상의 분류?

11.7 What Is Surface Area and Volume and How Do We Calculate Them?

- '표면적'과 '체적'이란 무엇인가? 그리고 계산 방법은?

Chapter Review

12 Functions and Graphing

- 함수와 그래프 작성

12.1 What Is Coordinate Geometry?

- '좌표 기하'란 무엇인가?

12.2 How Do We Graph a Line from a Table of Values?

- 표의 값으로 그래프 그리는 방법

12.3 What Is Slope?

- '기울기'란 무엇인가?

12.4 How Do We Graph a Line Using Slope?

- 기울기를 이용하여 선 그리기

12.5 What Is a Function?

- '함수'란 무엇인가?

12.6 What Is the Rule of Four?

- '4가지 방법'이란 무엇인가?

12.7 How Can We Tell If It Is Linear or Non-linear?
- *'선형(직선)' 또는 '비선형(곡선)' 구별 방법*
Chapter Review

13 Transformational Geometry
- *변환 기하*
13.1 What Is a Transformational Geometry?
- *'변환 기하'란 무엇인가?*
13.2 What Is a Reflection?
- *'반사'란 무엇인가?*
13.3 What Is a Translation?
- *'이동'이란 무엇인가?*
13.4 What Is Rotation?
- *'회전'이란 무엇인가?*
13.5 What Is a Dilation?
- *'팽창 또는 축소'란 무엇인가?*
13.6 What Is Symmetry?
- *'대칭'이란 무엇인가?*
Chapter Review

14 System of Linear Equations
- *선형 연립 등식(방정식)*
14.1 What Are the Possibilities When Solving Simultaneous Linear

Equations?

- 선형 연립 방정식을 풀 수 있는 가능성은?

14.2 How Do We Solve a System Graphically?

- 연립 방정식을 그래프를 이용하여 풀기

14.3 How Do We Solve a System by Addition?

- 연립 방정식을 덧셈으로 풀기

14.4 How Do We Solve a System by Substitution?

- 연립 방정식을 뺄셈으로 풀기

14.5 How Do We Solve Word Problems Leading to Two Linear Equations?

- 두 개의 선형 방정식을 요하는 서술형 문제 풀기

Chapter Review

15 The Pythagorean Theorem

- 피타고라스 정리

15.1 What Is the Pythagorean Theorem?

- '피타고라스 정리'란 무엇인가?

15.2 What Is Converse of the Pythagorean Theorem?

- '피타고라스 정리의 역설'이란 무엇인가?

51.3 How Can We Use the Pythagorean Theorem?

- 피타고라스 정리를 이용하는 방법

15.4 How Can We Use the Pythagorean Theorem on the Coordinate Plane?

- 좌표 면에서 피타고라스 정리를 이용하기

Chapter Review

16 Probability

- 확률

16.1 What Are Tree Diagrams and the Counting Principle?

- '수형도'와 '집계 원칙'이란 무엇인가?

16.2 What Is Probability?

- '확률'이란 무엇인가?

16.3 How Do We Find the Probability of Simple Events?

- 단순 사건에서의 확률 계산하기

16.4 How Do We Find the Probability of Compound Events?

- 복합 사건에서의 확률 계산하기

16.5 What Is a Permutation?

- '순열'이란 무엇인가?

16.6 What Is a Combination?

- '조합'이란 무엇인가?

Chapter Review

17 Statistics

- 통계

17.1 What Are Statistics?

- '통계'란 무엇인가?

17.2 What Are Measures of Central Tendency?

- *'중심집중 경향의 측정'이란 무엇인가?*

17.3 How Do We Interpret Data?

- *데이터를 해석하는 방법*

17.4 How Do We Create Dot Plot?

- *도트 플롯 (점 도표) 작성하는 방법*

17.5 How Do We Create a Stem-Leaf Plot?

- *스템-리프 플롯 (줄기-잎 도표) 작성하는 방법*

17.6 How Do We Create a Box-Whisker?

- *박스-휘스커 도표 작성하는 방법*

17.7 How Do We Create a Histogram?

- *히스토그램(막대 그래프) 작성하는 방법*

17.8 How Do We Create a Scatter Plot?

- *산포도 도표 작성하는 방법*

Chapter Review

18 Sequences

- ***시퀀스/수열***

18.1 What Are Patterns?

- *'패턴'이란 무엇인가?*

18.2 What Are Arithmetic Sequences?

- *'등차 수열'이란 무엇인가?*

18.3 What Are Geometric Sequences?

- *'등비 수열'이란 무엇인가?*

Chapter Review

〈Cumulative Review〉

- *종합 검토*

〈Answers to Chapter Review〉

- *검토 해답*

〈Index〉

- *색인*

텍스트별 학습사항(contents) 소개

Barron's

E-Z

ALGEBRA *(대수/수학 1)*

1 Rules of Behavior for Numbers

- 수의 연산 규칙

Addition, Subtraction, Multiplication, and Division

- 더하기, 빼기, 곱하기, 나누기에서의 연산규칙

The Order Doesn't-Make-a-Difference Property of Addition

- 덧셈 특성상 순서는 상관없다

The Problem of the Unbalanced Ferry

- 여객선에 있어 불균형 문제

Rules for Adding Odd and Even Numbers

- 덧셈에서 짝수 홀수 규칙

Using Letters to Represent Numbers

- 수를 대신하는 문자 사용

The Gremlin

- 그렘린

The Algebra Challenge

- Algebra(대수) 도전

Undefined Terms and Axioms

- 규명되지 않는 용어와 명확한 이치(공리)

The Associative Properties

- 연관 특성

Precedence Rules

- 선행 규칙 (연산 순서)

Worksheet: Precedence Rules

- 연습장: 선행 규칙

The Closure Properties

- 괄호 특성

The Distributive Property

- 분배 특성

Note to Chapter 1

- (노트)

Exercises

- (연습문제)

2 Equations

- 등식 (방정식)

The Golden Rule of Equations

- 등식의 황금 규칙

The Reflexive, Symmetric, and Transitive Properties

- 반사적, 대칭적 및 전이적 특성

The Mystery of the Missing Books

- *없어진 책의 미스터리*

The Solution of a Conditional Equation

- *조건부 등식의 풀이*

Implied Multiplication Rule

- *묵시적 곱셈 규칙*

Worksheet: Equations

- *연습장: 등식*

Recordis' Precision Diet (Version 1)

- *레코디스의 신중한 다이어트 (1편)*

Equations with Two Unknowns

- *미지수가 2개인 등식*

Notes to Chapter 2

Exercises

3 Negative Numbers and Integers

- *음수 및 정수*

Properties of Zero

- *제로의 특성*

The Distressing Case of the Negative Profits

- *네거티브 이익(손실)로 인해 괴로운 케이스*

The Mutual Assured Destruction Rule

- *상호 확증 파괴 규칙*

Integers

- 정수

The Absolute Value of a Number

- 수의 절대값

Multiplying Negative Numbers

- 음수 곱셈

Worksheet: Negative Numbers

- 연습장: 음수

Exercises

4 Fractions and Rational Numbers

- 분할(분수) 및 유리수(분수로 표기 가능한 수)

Stanislavsky's Complete Guide to Everything Worth Knowing About Fractions

- 스타니슬라프스키의 완벽 가이드; 분수에 대해 알아야 할 모든 것

Rational Numbers

- 유리수

Decimal Fractions

- 소수점 분수

Worksheet: Equations with Fractions

- 연습장: 분수를 동반한 등식

Percent

- 퍼센트(백분율)

Note to Chapter 4

Exercises

5 Exponents

- 지수

The Square Tile Wall

- 정사각형 타일 벽

Compound Interest and the Bank Account Balance

- 복리 이자와 은행 계좌 잔고

Exponents

- 지수

Powers of 10

- 10의 제곱

Scientific Notation

- 과학적 표기

Square Roots

- 2제곱 근

Laws of Exponents

- 지수 법칙

Negative Exponents and the Width of the Amoeba

- 음의 지수와 아메바의 크기

Worksheet: Scientific Notation

- 연습장: 과학적 표기

Note to Chapter 5

Exercises

6 Roots and Real Numbers

- 루트(근)와 실수

The Speed of the Fast Ball

- 빠른 공 스피드

The Pythagorean Theorem

- 피타고라스 정리

The Square Root of 2

- 2의 제곱 근

Irrational Numbers

- 무리수

Fractional Exponents

- 분수 지수

Worksheet: Expressions Involving Roots

- 루트를 포함한 표기

Exercises

7 Algebraic Expressions

- 대수적 표현

Monomials, Binomials, and Trinomials

- 1항식, 2항식, 3항식

Like Terms Belong Together

- 동류 항의 합류

Coefficients

- 계수

The FOIL Method for Multiplying Binomials

- 2항식 곱하기를 위한 FOIL 방법 (곱하기 순서)

Worksheet: Multiplying Binomials

- 연습장: 2항식 곱하기

Note to Chapter 7

Exercises

8 Functions

- 함수 (기능)

Function Machines

- 함수 기계

Function Notation

- 함수 표기

Calculating a Function Backwards: The Inverse of a Function

- 함수를 거꾸로 계산: 역 함수

The Domain and Range of a Function

- 함수의 정의역과 치역

Independent and Dependent Variables

- 독립 및 종속 변수

The Perplexing Planet Problem

- *행성에 대한 복잡한 문제*

Notes to Chapter 8

Exercises

9 Graphs

- ***그래프***

Locating Points in the Forest

- *숲속에서의 위치*

The Distance Between Two Points

- *두 점 간의 거리*

Graphing the Solution of an Equation

- *등식(방정식)의 해답을 위한 그래프 작성*

Graphs of Linear Functions

- *선형 함수의 그래프*

The Slope of a Line

- *선(라인)의 기울기*

Graphing Inequalities

- *부등식 그래프 작성*

Curves

- *곡선*

Graphing Relationships

- *상관관계를 그래프로 나타내기*

Notes to Chapter 9

Exercises

10 Systems of Two Equations

- 2개 등식의 시스템 (연립방정식)

The Desperate Race Against Time

- 시간과의 필사적 경주

The Solution to Two Simultaneous Equations

- 2개 동시 등식의 풀이 (연립방정식 풀이)

The Demand and Supply of Potatoes

- 감자의 수요와 공급

Worksheet: Simultaneous Equations

- 연습장: 동시 등식 (연립방정식)

Note to Chapter 10

Exercises

11 Quadratic Equations

- 2차 등식 (2차 방정식)

The Height of the Fly Ball

- 플라이 볼의 높이

Polynomials

- 다항식

The Equation with Two Solutions

- 2개의 답을 가진 등식

Solving Quadratic Equations by Factoring

- 인수분해를 하여 2차 등식 풀기

Completing the Square

- 제곱(식)의 형태로 완성

The Quadratic Formula

- 2차 등식의 해(답)를 구하기 위한 공식 (근의 공식)

Worksheet: Quadratic Equations

- 연습장: 2차 등식(방정식)

Exercises

12 Circles, Ellipses, and Parabolas

- 원, 타원 및 포물선

The Stadium Scoreboard Lights

- 종합운동장 전광판 라이트

The Equation of a Circle

- 원의 등식(방정식)

The Circumference of a Circle

- 원의 둘레

The Special Number π

- 특별한 수 π

Coordinate Translation

- 좌표 전환

Ellipses

- *타원*

The Equations of an Ellipse

- *타원의 등식(방정식)*

Some Ellipses Are More Eccentric Than Others

- *상대적으로 더욱 편향된 타원*

Parabolas

- *포물선*

Reflecting Telescopes

- *반사 망원경*

Hyperbolas

- *쌍곡선*

Notes to Chapter 12

Exercises

13 Polynomials

- *다항식*

The Dragon's Swimming Hole

- *드래곤이 수영하는 연못*

Curves That Go Up and Down

- *오르내리는 곡선*

3rd and 4th Degree Curves

- *3차와 4차 곡선*

Algebraic Division

- *대수적 나눗셈*

Worksheet: Polynomial Division

- *연습장: 다항식 나눗셈*

The Overly Thrilling Ride on the Discontinuous Curve

- *스릴 넘치는 불연속 곡선 주행*

Notes to Chapter 13

Exercises

14 Exponential Functions and Logarithms

- *지수 함수와 로그 함수*

Recordis' Family Tree

- *레코디스의 가족 계보*

Exponential Functions

- *지수 함수*

The Peril from the Exponential Growing Bacteria

- *지수적으로 증식하는 세균으로부터의 위험*

The Ping Pong Tournament

- *탁구 토너먼트*

Logarithm Functions

- *로그 함수*

Worksheet: Logarithms

- *연습장: 로그 함수*

Converting Curves to Lines

- 곡선을 직선으로 바꾸기

Solving the Planet Problem and Population Growth Problem

- 행성 문제와 인구증가 문제 풀기

Notes to Chapter 14

Exercises

15 Simultaneous Equations and Matrices

- 연립 방정식과 매트릭스(행렬)

The Souvenir Pennant Factory

- 선물용 페넌트 제작공장

The Mystery of the Missing Hot Dogs

- 없어진 핫도그의 수수께끼

Matrix Multiplication

- 매트릭스(행렬) 곱셈

Worksheet: Matrix Multiplication

- 연습장: 매트릭스(행렬) 곱셈

Solving an Equation System with a Matrix Inverse

- 역 매트릭스를 이용한 연립 등식 풀기

Recordis' Precision Diet (Version 3)

- 레코디스의 신중한 다이어트 (3편)

Determinants

- 결정요인

The Height of the Balloon

- 풍선의 고도

Graphs in Three-Dimensional Space

- 3차원 공간에서의 그래프

Three-Equation, Three-Variable Systems: Summary

- 3개의 등식, 3-변수 시스템(연립 등식): 요약

The Final Attack: 5-by-5 System

- 마지막 공격: 5-by-5 시스템

Notes to Chapter 15

Exercises

16 Series

- 수열 (시리즈)

The Triangular Lookout Tower

- 삼각형의 전망대

The Sum 1+2+3+. . .+n

- 1+2+3+. . .+n 합계

Summation Notation

- 합계 표기

Arithmetic Series

- 등차(산술) 급수

Recordis' Not-Quite-Infinite Income

- 레코디스의 지속적이지 않은 수입

Geometric Series

- 등비(기하) 급수

Worksheet: Arithmetic and Geometric Series

- 연습장: 등차와 등비 급수

Exercises

17 Permutations, Combinations, and the Binomial Formula

- 순열, 조합 및 2항 공식

The Indecisive Baseball Manager

- 결정을 못하는 야구 감독

The Exciting Factorial Function!

- 흥미로운 계승 함수!

Permutations

- 순열

The Card Game

- 카드 게임

Combinations

- 조합

Worksheet: Combinations Formula

- 연습장: 조합 공식

Calculating $(a+b)^n$

- $(a+b)^n$ *계산*

Pascal's Triangle

- 파스칼의 삼각형

The Binominal Formula

- 2항 공식

Note to Chapter 17

Exercises

18 Proofs by Mathematical Induction

- 수학적 귀납법에 의한 증명

Proving the Arithmetic Series Formula

- 등차급수 공식의 증명

The Method of Mathematical Induction

- 수학적 귀납법의 방법

Proving the Geometric Series Formula

- 등비 급수 공식의 증명

Proving the Binomial Formula

- 2항 공식의 증명

Exercises

19 Imaginary Numbers

- 허수

The Square Root of -1

- -1의 제곱 근

Complex Numbers

- 복소수

Multiplying Complex Numbers

- *복소수 곱셈*

The Graph of a Complex Number

- *복소수 그래프*

Worksheet: Quadratic Equations with Complex Number Solutions

- *연습장: 복소수 해답을 갖는 2차 방정식*

The Party

- *파티*

Note to Chapter 19

Exercises

〈Answers to Exercises〉

- *연습문제 해답*

〈Glossary〉

- *용어 사전*

〈Appendix: Note About Rounding〉

- *부록: 반올림 하는 요령*

〈Appendix: Computers〉

- *부록: 컴퓨터 활용*

〈Index〉

- *색인*

텍스트별 학습사항(contents) 소개

Barron's

E-Z

GEOMETRY *(기하)*

1 Building a Geometry Vocabulary

- 기하 용어의 구축

The Building Blocks of Geometry

- 기하의 빌딩 블록 (기하의 논리 전개를 위한 개념 정리)

Definitions and Postulates

- 정의 및 공준

Inductive Versus Deductive Reasoning

- 귀납적 대 연역적 추론

The IF … THEN … Sentence Structure

- '만일에 ~라면, 그것은 ~이다'라는 문장 구조

Review Exercises for Chapter 1

- (1장 검토 연습문제)

2 Measure and Congruence

- 측정과 합동

Measuring Segments and Angles

- 세그먼트와 각도의 측정

Betweenness of Points and Rays

- 점과 선(레이)의 관계

Congruence

- 합동

Midpoint and Bisector

- 중간점과 이등분선

Diagrams and Drawing Conclusions

- 다이아그램(도형)과 드로잉(작도)로부터의 결론

Properties of Equalities and Congruence

- 같음과 합동의 속성

Additional Properties of Equality

- 같음의 부가적 속성

The Two-Column Proof Format

- 2-컬럼 증명 포맷

Review Exercises for Chapter 2

- (2장 검토 연습문제)

3 Angle Pairs and Perpendicular Lines

- 각도 페어(짝) 및 수직선

Supplementary and Complementary Angle Pairs

- 보각과 여각의 짝

Adjacent and Vertical Angle Pairs

- 이웃각과 맞꼭지각의 짝

Theorems Relating to Complementary, Supplementary, and Vertical Angles

- 여각, 보각 및 맞꼭지각 관련된 정리

Definitions and Theorems Relating to Right Angles and Perpendiculars

- 직각과 수직선 관련된 정의와 정리

A Word About the Format of a Proof

- 증명 포맷에 관련된 단어

Review Exercises for Chapter 3

- (3장 검토 연습문제)

4 Parallel Lines

- 평행선

Planes and Lines

- 면과 선

Properties of Parallel Lines

- 평행선의 속성

Converses and Methods of Proving Lines Parallel

- 선의 평행을 증명하는 역설 및 방법

The Parallel Postulate

- 평행 공준

Review Exercises for Chapter 4

- (4장 검토 연습문제)

5 Angle of a Polygon

- 다각형의 각

The Anatomy of a Polygon

- 다각형의 구조

Angles of a Triangle

- 삼각형의 각

Exterior Angles of a Triangle

- 삼각형의 외각

Angles of a Polygon

- 다각형의 각

Review Exercises for Chapter 5

- (5장 검토 연습문제)

6 Proving Triangles are Congruent

- 삼각형의 합동 증명

Correspondences and Congruent Triangles

- 삼각형의 상응과 합동

Proving Triangles Congruent: SSS, SAS, and ASA Postulates

- 삼각형 합동 증명: SSS, SAS, ASA 공준

Proving Overlapping Triangles Congruent

- 겹치는 삼각형의 합동 증명

Proving Triangles Congruent: AAS and Hy-Leg Methods

- 삼각형 합동 증명: AAS와 Hy-Leg(빗변) 방법

When Two Triangles Are NOT Congruent

- 두 삼각형이 합동이 아닐 때

Review Exercises for Chapter 6

- (6장 검토 연습문제)

7 Applying Congruent Triangles

- 합동 삼각형 적용

Using Congruent Triangles to Prove Segments and Angles Congruent

- 합동 삼각형을 이용하여 세그먼트와 각의 합동 증명

Using Congruent Triangles to Prove Special Properties of Lines

- 합동 삼각형을 이용하여 직선의 특별 속성을 증명

Classifying Triangles and Special Segments

- 삼각형과 특별 세그먼트의 분류

The Isosceles Triangle

- 이등변 삼각형

Double Congruence Proofs

- 중복 합동 증명

Review Exercises for Chapter 7

- (7장 검토 연습문제)

〈Cumulative Review〉

- 종합 검토

〈Exercises: Chapters 1-7〉

- ***연습문제: 1-7장***

8 Geometric Inequalities

- ***기하적 부등식***

Some Basic Properties of Inequalities

- *부등식의 기본 속성*

Inequality Relationships in a Triangle

- *삼각형에서의 부등식 관계*

The Indirect Method of Proof

- *증명의 간접적 방법*

Review Exercises for Chapter 8

- *(8장 검토 연습문제)*

9 Special Quadrilaterals

- ***특수 사변형***

Classifying Quadrilaterals

- *사변형 분류*

Properties of a Parallelogram

- *평행사변형의 속성*

Properties of Special Parallelogram

- *특수 평행사변형의 속성*

Proving a Quadrilateral Is a Parallelogram

- *사변형이 평행사변형임을 증명*

Applications of Parallelograms

- 평행사변형의 적용

Properties of a Trapezoid

- 사다리꼴(부등변) 사각형 속성

Review Exercises for Chapter 9

- (9장 검토 연습문제)

10 Ratio, Proportion, and Similarity

- 비, 비율 및 유사성

Ratio and Proportion

- 비와 비율

Proportions in a Triangle

- 삼각형에서의 비율

When Are Polygon Similar?

- 다각형이 유사하려면?

Proving Triangles Similar

- 삼각형의 유사성 증명

Proving Lengths of Sides of Similar Triangles in Proportion

- 유사 삼각형 변의 길이가 비율상태임을 증명

Proving Products of Segment Lengths Equal

- 세그먼트 길이의 곱이 같음을 증명

Review Exercises for Chapter 10

- (10장 검토 연습문제)

11 The Right Triangle

- 직각 삼각형

Proportions in a Right Triangle

- 직각 삼각형에서의 비율

The Pythagorean Theorem

- 피타고라스 정리

Special Right-Triangle Relationships

- 특수 직각 삼각형의 상관관계

Trigonometric Ratios

- 삼각함수 비

Indirect Measurement in a Right Triangle

- 직각 삼각형에서의 간접 측정

Review Exercises for Chapter 11

- (11장 검토 연습문제)

〈Cumulative Review〉

- 종합 검토

〈Exercises: Chapters 8-11〉

- 연습문제: 8-11장

12 Circles and Angle Measurement

- 원과 각도 측정

The Parts of a Circle

- *원의 부분*

Arc and Central Angles

- *호와 중심각*

Diameters and Chords

- *지름과 현*

Tangents and Secants

- *접선과 할선*

Angle Measurement: Vertex on the Circle

- *각도 측정: 원에서의 꼭짓점*

Angle Measurement: Vertex in the Interior of the Circle

- *각도 측정: 원 내부의 꼭짓점*

Angle Measurement: Vertex in the Exterior of the Circle

- *각도 측정: 원 외부의 꼭짓점*

Using Angle-Measurement Theorems

- *각도 측정의 정리 이용*

Review Exercises for Chapter 12

- *(12장 검토 연습문제)*

13 Chord, Tangent, and Secant Segments

- *현, 접선 및 할선 세그먼트*

Equidistant Chords

- *등거리 현*

Tangents and Circles

- *접선과 원*

Similar Triangles and Circles

- *닮은 꼴 삼각형과 원*

Tangent- and Secant-Segment Relationships

- *접선과 할선 세그먼트의 관계*

Circumference and Arc Length

- *원주와 호의 길이*

Review Exercises for Chapter 13

- *(13장 검토 연습문제)*

14 Area and Volume

- ***면적과 체적***

Area of a Rectangle, Square, and Parallelogram

- *직사각형, 정사각형 및 평행사변형 면적*

Areas of a Triangle and Trapezoid

- *삼각형과 사다리꼴의 면적*

Comparing Areas

- *면적 비교*

Area of a Regular Polygon

- *정다각형 면적*

Areas of a Circle, Sector, and Segment

- *원, 섹터 및 세그먼트 면적*

Geometric Solids

- 기하적 단일체(솔리드)

Review Exercises for Chapter 14

- (14장 검토 연습문제)

15 Coordinate Geometry

- 좌표 기하

The Coordinate Plane

- 좌표 면

Finding Area Using Coordinates

- 좌표를 이용한 면적 산출

The Midpoint and Distance Formulas

- 중간점과 거리 산출 공식

Slope of a Line

- 선의 기울기

Equation of a Line

- 선의 등식(방정식)

Equation of a Circle

- 원의 등식

Proofs Using Coordinates

- 좌표를 이용한 증명

Review Exercises for Chapter 15

- (15장 검토 연습문제)

16 Locus and Constructions

- 위치와 작도

Describing Points That Fit One Condition

- 1개 조건을 만족하는 지점(포인트)

Describing Points That Fit More Than One Condition

- 1개 조건 이상을 만족하는 지점

Locus and Coordinates

- 위치와 좌표

Basic Constructions

- 기본적 작도

Review Exercises for Chapter 16

- (16장 검토 연습문제)

17 Transformation Geometry

- 기하의 전환

Terms and Notation

- 용어와 표기

Congruence Transformations

- 합동 전환

Classifying Isometries

- 균등전환(아이소메트리)의 구별

Size Transformations

- 크기 전환

Types of Symmetry

- *대칭의 모양*

Transformations in the Coordinate Plane

- *좌표 면에서의 전환*

Composing Transformations

- *전환 합성*

Review Exercises for Chapter 17

- *(17장 검토 연습문제)*

〈Cumulative Review Exercises: Chapters 12-17〉

- ***종합 검토 연습문제: 12-17 장***

〈Some Geometric Relationships and- Formulas Worth Remembering〉

- ***기하적 관계 및 공식, 기억용***

〈Glossary〉

- ***용어집***

〈Answers to Chapter Exercises〉

- ***연습문제 해답***

〈Solutions to Cumulative Review Exercises〉

- ***종합 검토 연습문제 풀이***

텍스트별 학습사항(contents) 소개

Barron's

E-Z

ALGEBRA 2 *(대수/수학 2)*

1 LINEAR FUNCTIONS

- 선형(1차) 함수

Linear Models

- 선형 모델

Solving Linear Equations in One Variable

- 1개 변수의 선형 등식 풀이

Solving Linear Inequalities in One Variable

- 1개 변수의 선형 부등식 풀이

Linear Equations in Two Variables

- 2개 변수의 선형 등식

Linear Inequalities in Two Variables

- 2개 변수의 선형 부등식

Systems of Two Linear Equations

- 2개의 선형 등식 (연립 등식)

Systems of Two Linear Inequalities

- 2개의 선형 부등식 (연립 부등식)

Direct and Inverse Variation

- 직접 및 역의 변이

Chapter Exercises

- 연습문제

2 POLYNOMIAL OPERATIONS

- 다항식 연산

Exponent Rules

- 지수 법칙

Four Basic Operations with Polynomials

- 다항식의 4개 기본 연산

Powers of Binomials

- 2항식의 승(거듭제곱)

Factoring Techniques

- 인수분해 기법

Chapter Exercises

- 연습문제 (Chapter Exercises)

3 FUNCTIONS AND RELATIONS

- 함수와 상관관계

Relations and Functions

- 상호관계와 함수

Function Notation

- 함수 표기

Domain and Range

- *정의역과 치역*

Symmetry

- *대칭*

Operations with Functions

- *함수 연산*

Transformations of Functions

- *함수의 변환*

Inverse Functions

- *역 함수*

Chapter Exercises

4 ABSOLUTE VALUE FUNCTIONS

- *절대값 함수*

Absolute Value Models

- *절대값 모델*

Solving Absolute Value Equations Algebraically

- *절대값 등식을 대수적으로 풀기*

Solving Absolute Value Inequalities Algebraically

- *절대값 부등식을 대수적으로 풀기*

Graphing Absolute Value Functions

- *절대값 함수의 그래프 작성*

Solving Absolute Value Equations and Inequalities Graphically

- 절대값 등식과 부등식을 그래프 상으로 풀기

Piecewise Defined Functions

- 구간별 규정 함수

Step Functions

- 스텝 함수

Chapter Exercises

5 QUADRATIC FUNCTIONS

- 2차 함수

Quadratic Models

- 2차 (함수) 모델

Solving Quadratic Equations

- 2차 등식 풀이

The Discriminant and the Nature of Zeros

- 판별식과 제로(영)의 속성

Graphing Quadratic Functions

- 2차 함수 그래프 작성

Average Rate of Change

- 변화의 평균 비율

Transformations and Vertex Form of a Parabola

- 포물선의 변환과 꼭지점 모양

Solving Quadratic Inequalities

- 2차 부등식 풀이

Writing a Quadratic Equation

- 2차 등식 작성하기

Solving Quadratic-Linear Systems of Equations

- 2차-1차(제곱-선형) 연립 등식 풀기

Chapter Exercises

6 COMPLEX NUMBERS

- 복소수

Imaginary Numbers

- 허수

Powers of

- i의 승(거듭제곱)

Operations with Complex Numbers

- 복소수의 연산

Solving Quadratic Equations with Complex Zeros

- '복소수 제로'가 있는 2차 등식 풀기

Writing Quadratic Factors from Complex Zeros

- '복소수 제로'로부터 2차 등식 작성

The Complex Plane

- 복소수 평면

Chapter Exercises

7 POLYNOMIAL FUNCTIONS

- 다항식 함수

Polynomial Models

- 다항식 모델

Characteristics of Polynomial Graphs

- 다항식 그래프의 특성

Real Zeros of Polynomial Functions

- 다항식 함수의 실수(≠허수) 제로

Total Zeros of Polynomial Functions

- 다항식 함수에서의 제로의 총합

Solving Polynomial Equations and Inequalities

- 다항식의 등식 및 부등식 풀이

Chapter Exercises

8 RADICAL FUNCTIONS

- 래디컬 함수

Radical Models

- 래디컬 (함수) 모델

Square Roots and Higher-Order Radicals

- 제곱 근 및 고차 래디컬

Operations with Radicals

- 래디컬 연산

Rational Exponents

- 유리수 지수

Graphing Square Root and Cube Root Functions

- 2제곱 근 및 3제곱 근 함수의 그래프 작성

Solving Radical Equations

- 래디컬 등식 풀이

Inverse of Radical Functions

- 역 래디컬 함수

Chapter Exercises

9 RATIONAL FUNCTIONS

- 유리(분수) 함수

Rational Models

- 유리 (함수) 모델

Operations with Rational Expressions

- 유리 함수 표기의 연산

Negative Exponents

- 음수 지수

Graphing Rational Functions

- 유리 함수 그래프의 작성

Solving Rational Equations

- 유리 함수 등식의 풀이

Solving Rational Inequalities

- 유리 함수 부등식의 풀이

Chapter Exercises

10 EXPONENTIAL FUNCTIONS

- 지수 함수

Exponential Models

- 지수 (함수) 모델

Exponential Functions

- 지수 함수

Graphing Exponential Functions

- 지수 함수의 그래프 작성

Transformations of Exponential Functions

- 지수 함수의 변환

Solving Exponential Equations with Common Bases

- 공통 베이스를 갖는 지수 등식의 풀이

Chapter Exercises

11 LOGARITHMIC FUNCTIONS

- 로그 함수

Logarithmic Models

- 로그 (함수) 모델

Inverses of Exponential Functions

- 지수 함수의 역

Logarithm Rules

- 로그 규칙

Graphing Logarithmic Functions

- 로그 함수의 그래프 작성

Solving Exponential and Logarithmic Equations

- 지수와 로그 등식의 풀이

Change of Base Formula

- 베이스(밑) 교체 공식

Chapter Exercises

12 TRIGONOMETRIC FUNCTIONS

- 삼각 함수

Radian Measure and Arc Length

- 라디안(호도) 측정과 원호 길이

Angles of Any Size and Coterminal Angles

- 크기에 따른 각도와 코터미널 각도

Unit Circle and Trigonometric Function Values

- 단위 원과 삼각 함수 값

Trigonometric Function Values for Special Angles

- 특정 각도의 삼각 함수 값

Reciprocal Trigonometric Functions

- 상호 삼각 함수

Trigonometric Identities

- 삼각 함수의 정체(공식)

The Sum and Difference Formulas

- 합과 차 공식

Chapter Exercises

13 TRIGONOMETRIC GRAPHS AND EQUATIONS

- 삼각 함수 그래프와 등식(방정식)

Basic Graphs of Trigonometric Functions

- 삼각 함수의 기본 그래프

Transformations of Trigonometric Graphs

- 삼각 함수 그래프의 변환

Modeling with Sine and Cosine Graphs

- 사인과 코사인 그래프의 모델링

Inverse Trigonometric Functions

- 역 삼각 함수

Solving Trigonometric Equations

- 삼각 함수 등식의 풀이

Chapter Exercises

14 SEQUENCES AND SERIES

- 수열과 급수

Introduction to Sequences

- 수열 소개

Summation Notation

- 합계 표기

Arithmetic Sequences

- 등차 수열

Arithmetic Series

- 등차 급수

Geometric Sequences

- 등비 수열

Geometric Series

- 등비 급수

Infinite Series

- 무한 급수

Chapter Exercises

15 STATISTICS

- 통계

Introduction to Statistics

- 통계 소개

Data Collection

- 데이터 수집

Statistical Measures

- 통계적 측정

Normal Distribution

- 정규 분포

Modeling with Functions

- *함수 모델링*

Chapter Exercises

16 ANSWERS TO EXERCISES

- ***연습문제 해답***

17 FORMULAS, GRAPHS, AND THEOREMS

- ***공식, 그래프, 및 정리***

18 GRAPHING CALCULATOR TIPS

- ***그래핑 계산기 도움말***

〈Index〉

- 색인

텍스트별 학습사항(contents) 소개

Barron's

E-Z

PRE-CALCULUS *(미적분 입문)*

STUDY UNIT I: ALGEBRA AND GRAPHING METHODS

- 대수 및 그래프 작성방법

1 Basic Algebra Methods

- 기초 대수 (방법)

Lesson 1-1 Real Numbers, Variables, and Exponents

- 실수, 변수, 및 지수

Lesson 1-2 Solving Linear Equations

- 선형 등식 풀이

Lesson 1-3 Solving Linear Inequalities

- 선형 부등식 풀이

Lesson 1-4 Operations with Polynomials

- 다항식 연산

Lesson 1-5 Factoring Polynomials

- 다항식 인수분해

Lesson 1-6 Factoring Quadratic Trinomials

- 2차 3항식 인수분해

Lesson 1-7 Special Products and Factoring Patterns

- 특정 곱셈 및 인수분해 패턴

〈Checkup Exercises〉

- 검사 연습문제

2 Rational and Irrational Expressions

- 유리수(분수)와 무리수 표기

Lesson 2-1 Operations with Rational Expressions

- 유리수 표기의 연산

Lesson 2-2 Simplifying Complex Fractions

- 복잡한 분수를 간략하게

Lesson 2-3 Radicals and Fractional Exponents

- 래디컬과 분수 지수

Lesson 2-4 Operations with Radicals

- 래디컬 연산

〈Checkup Exercises〉

3 Graphing and Systems of Equations

- 그래프 작성 및 연립 등식

Lesson 3-1 Graphing Points and Linear Equations

- 그래프 지점과 선형 등식

Lesson 3-2 Midpoint and Distance Formulas

- 중간 지점과 거리 공식

Lesson 3-3 The Slope of a Line

- *직선의 기울기*

Lesson 3-4 Graphing with a Calculator

- *계산기를 이용한 그래프 작성*

Lesson 3-5 Graphing a Linear Inequality

- *선형 부등식의 그래프 작성*

Lesson 3-6 Writing Equations of Lines

- *선형 등식의 작성*

Lesson 3-7 Solving Linear Systems Graphically

- *선형 연립식을 그래프를 이용하여 풀기*

Lesson 3-8 Solving Linear Systems Algebraically

- *선형 연립식을 대수적으로 풀기*

〈Checkup Exercises〉

4 Functions and Quadratic Equations

- *함수와 2차 등식*

Lesson 4-1 Function Concepts

- *함수의 개념*

Lesson 4-2 Quadratic Functions and Their Graphs

- *2차 함수와 그래프*

Lesson 4-3 Solving Quadratic Equations

- *2차 등식의 풀이*

Lesson 4-4 Solving a Linear-Quadratic Systems

- 1차-2차 연립 등식의 풀이

Lesson 4-5 Applying Quadratic Equations

- 2차 등식의 적용

Lesson 4-6 Solving Quadratic Inequalities

- 2차 부등식의 풀이

〈Checkup Exercises〉

5 Complex Numbers and the Quadratic Formula

- 복소수와 근의 공식

Lesson 5-1 Complex Numbers

- 복소수

Lesson 5-2 Multiplying and Dividing Complex Numbers

- 복소수의 곱셈과 나눗셈

Lesson 5-3 Completing the Square

- 제곱 (꼴)의 완성

Lesson 5-4 The Quadratic Formula

- 근의 공식

〈Checkup Exercises〉

STUDY UNIT II: FUNCTIONS AND THEIR GRAPHS

- 함수와 그래프

6 Special Functions and Equations

- 특수한 함수와 등식

Lesson 6-1 Absolute-Value Equations and Inequalities

- 절대값의 등식과 부등식

Lesson 6-2 Transformations of Graphs

- 그래프의 변환

Lesson 6-3 Special Functions and Their Graphs

- 특수 함수와 그래프

Lesson 6-4 Radical Equations

- 래디컬 등식

Lesson 6-5 Rational Equations and Inequalities

- 유리수(분수) 등식 및 부등식

〈Checkup Exercises〉

7 Polynomial and Rational Functions

- 다항식과 유리수(분수) 함수

Lesson 7-1 Division of Polynomials

- 다항식의 나눗셈

Lesson 7-2 Zeros of Polynomial Functions

- 다항식 함수의 제로

Lesson 7-3 Solving Polynomial Equations

- 다항식 등식의 풀이

Lesson 7-4 Graphing Rational Functions

- 유리수(분수) 함수의 그래프 작성

Lesson 7-5 Decomposing Rational Expressions

- 유리수(분수) 식을 분해하기

〈Checkup Exercises〉

8 Exponential and Logarithmic Functions

- 지수와 로그 함수

Lesson 8-1 Inverse Functions

- 역 함수

Lesson 8-2 The Exponential Function

- 지수 함수

Lesson 8-3 The Logarithmic Function

- 로그 함수

Lesson 8-4 Logarithmic Laws and Equations

- 로그 법칙과 등식

Lesson 8-5 Exponential and Logarithmic Models

- 지수와 로그 모델

〈Checkup Exercises〉

STUDY UNIT III: TRIGONOMETRIC ANALYSIS

- 삼각법 분석

9 Trigonometry

- 삼각법

Lesson 9-1 Degree and Radian Measures

- 각도와 라디안(호도)의 측정

Lesson 9-2 Right-Triangle Trigonometry

- 직각 삼각형의 삼각법

Lesson 9-3 The General Angle

- 일반 각

Lesson 9-4 Working with Trigonometric Functions

- 삼각 함수의 운영

Lesson 9-5 Trigonometric Functions of Special Angles

- 특수 각의 삼각 함수

〈Checkup Exercises〉

10 Graphing Trigonometric Functions

- 삼각 함수의 그래프 작성

Lesson 10-1 Periodic Functions and Their Graphs

- 주기 함수와 그래프

Lesson 10-2 Graphing Trigonometric Functions

- 삼각 함수의 그래프 작성

Lesson 10-3 Transformations of Trigonometric Functions

- 삼각 함수의 변환

Lesson 10-4 Inverse Trigonometric Functions

- 역 삼각 함수

〈Checkup Exercises〉

11 Trigonometric Identities and Equations

- *삼각법 공식(특성) 및 등식*

Lesson 11-1 Pythagorean Trigonometric Identities

- *피타고라스 삼각법 공식*

Lesson 11-2 Solving Trigonometric Equations

- *삼각 등식 풀이*

Lesson 11-3 Sum and Difference Identities

- *합과 차의 공식*

Lesson 11-4 Double-Angle Identities

- *2배 각의 공식*

Lesson 11-5 Half-Angle Identities

- *반각의 공식*

〈Checkup Exercises〉

12 Solving Triangles

- *삼각형 풀이*

Lesson 12-1 The Area of a Triangle

- *삼각형 면적*

Lesson 12-2 The Law of Sines

- *사인 법칙*

Lesson 12-3 The Law of Cosines

- *코사인 법칙*

〈Checkup Exercises〉

STUDY UNIT IV: POLAR COORDINATES AND CONIC SECTIONS

- 극 좌표 및 원추 단면

13 Polar Coordinates and Parametric Equations

- 극 좌표와 매개변수 등식

Lesson 13-1 Parametric Equations

- 매개변수 등식

Lesson 13-2 The Polar Coordinate System

- 극 좌표 시스템

Lesson 13-3 The Polar Form of a Complex Number

- 복소수의 극 좌표 형식

Lesson 13-4 Powers and Roots of Complex Numbers

- 복소수의 승(파워)와 근(루트)

〈Checkup Exercises〉

14 Conic Sections and Their Equations

- 원추 단면과 등식

Lesson 14-1 The Parabola

- 포물선

Lesson 14-2 The Ellipse

- 타원

Lesson 14-3 The Hyperbola

- 쌍곡선

Lesson 14-4 General Equations of Conics

- 원추 단면의 일반 등식

Lesson 14-5 Polar Equations of Conics

- 원추 단면의 극 좌표 등식

〈Checkup Exercises〉

STUDY UNIT V: NUMBER PATTERNS AND CALCULUS PREVIEW

- 수의 패턴 및 미적분 미리보기

15 Sequences, Series, and Counting

- 수열, 급수, 및 집계

Lesson 15-1 Arithmetic Sequences and Series

- 등차 수열 및 급수

Lesson 15-2 Geometric Sequences and Series

- 등비 수열 및 급수

Lesson 15-3 Generalized Sequences

- 일반적 수열

Lesson 15-4 Mathematical Inductions

- 수학적 귀납법

Lesson 15-5 Permutations and Combinations

- 순열 및 조합

Lesson 15-6 The Binomial Theorem

- 2항 정리

〈Checkup Exercises〉

16 Calculus Preview

- *미적분 미리보기*

Lesson 16-1 Limits of Functions

- *함수의 극한*

Lesson 16-2 Slope of a Tangent Line

- *접선의 기울기*

Lesson 16-3 Rules for Finding Derivatives

- *도함수 산출 규칙*

Lesson 16-4 Finding Antiderivatives

- *반-도함수 산출*

Lesson 16-5 Integration and Area Under a Curve

- *곡선 하부의 적분과 면적*

〈Checkup Exercises〉

〈Answers to Checkup Exercises〉

- *검사 연습문제 해답*

〈Index〉

- *색인*

텍스트별 학습사항(contents) 소개

Barron's

E-Z

CALCULUS ***(미적분)***

1 Slope of the Tangent Line

- 접선의 기울기

The Graph of the Train's Position

- 기차 위치의 그래프

Function Machines

- 함수 기계

Slope of a Line

- 직선의 기울기

Slope of a Secant Line

- 할선의 기울기

Slope of a Tangent Line

- 접선의 기울기

Tangent Slope for $y = x^2$

- $y = x^2$에서의 접선 기울기

Worksheet: Slope of a Secant Line

- 연습장: 할선의 기울기

Exercises

- 연습문제

2 Calculating Derivatives

- 도함수(구동자) 산출하기

Definition of Derivative

- 도함수(구동자)의 정의

Derivative of a Constant Function

- 상수 함수의 도함수

Derivative of a Straight-Line Function

- 선형 함수의 도함수

Derivative of $y = cx^2$

- $y = cx^2$의 도함수

Derivative of a Sum

- 합의 도함수

Derivative of $y = x^3$

- $y = x^3$의 도함수

Derivative of $y = x^n$

- $y = x^n$의 도함수

Worksheet: Derivative of Polynomials

- 연습장: 다항식의 도함수

Exercises

3 Finding Maximum and Minimum Points

- 최고점과 최저점 찾기

The Fly Ball Height Puzzle

- 뜬 공의 높이를 알아내기

Are We There (at the Top of the Curve) Yet?

- 아직 정상에 도달하지 않았는가?

The Slope Is Zero at the Top

- 정상에서의 기울기는 제로

The Optimal Magazine Subscription Price

- 최적의 잡지 판매 가격

The Mixup About the Craggy Island Lighthouse Distance: The Slope Is Also Zero at the Bottom

- 크래기 섬 등대까지 거리의 혼동: 바닥에서의 기울기도 제로

The Spilled Water

- 엎은 물

The Second Derivative: Distinguishing Concave Up from Concave Down Curves

- 2계 도함수: 내리막 곡선에서 오르막을 찾아내기

Worksheet: Maximum and Minimum Points

- 연습장: 최고와 최저의 점

The Baseball Uniform Profit Maximum Point

- 야구 유니폼 판매의 최대 수익 점

Local Maximum and Local Minimum Points

- 국부적 최대와 국부적 최소 점

Point of Inflection

- 변곡 점

Work- sheet: Local Maximum and Minimum Points

- 연습장: 국부적 최대와 국부적 최소 점

Exercises

4 Derivatives of Complicated Functions

- 복잡한 함수의 도함수

Multiplied Functions

- 곱셈 함수

The Product Rule

- 곱셈 규칙

Embedded Functions

- 내장된 함수

The Chain Rule

- 체인 규칙

Fractional Exponents

- 분수 지수

Implicit Functions

- 음(내재) 함수

The Power Rule

- 파워(승) 규칙

Worksheet: The Product Rule

- *연습장: 곱셈 규칙*

Worksheet

Exercises

5 Derivatives of Trigonometric Functions

- *삼각함수의 도함수*

The Gremlin's Horrible Oscillating Chicken-Scaring Machine

- *닭들을 떨게 한 그렘린의 공포의 진동 머신*

Trigonometeris' Sine Function

- *트리고노메터리스의 사인 함수*

The Derivative of the Sine Function

- *사인 함수의 도함수*

The Derivative of the Cosine Function

- *코사인 함수의 도함수*

Derivatives of Other Trigonometric Functions

- *그 외 삼각함수의 도함수*

Worksheet: Derivatives of Trigonometric Functions

- *연습장: 삼각함수의 도함수*

Exercises

6 Optimum Values and Related Rates

- *최적 값과 관련 비율*

Differentiation and the Get-Rich-Quick Scheme

- 미분과 일확천금 계획

The Optimum-size Box, Enclosure, and Can

- 최적 크기의 상자, 포장, 및 통

Optimum Inventory

- 최적의 재고 상태

The Birthday Party Balloon

- 생일 잔치 풍선

The National Park Beach Lifeguard and the Racing Shadow

- 국립공원 해변 구조원과 달리기 그림자

Exercises

7 The Integral: A Backward Derivative

- 적분: 역진 도함수

Recordis' Exhaustion and the Story of Rutherford and the Diving Board

- 레코디스의 탈진과 루더포드와 다이빙 보드의 이야기

Differentiating Backwards

- 미분의 역진

The Antiderivative or the Integral

- 반-도함수 또는 적분

Discovering the Indefiniteness of an Indefinite Integral

- 부정 적분의 불확정 부분을 발견

Using an Initial Condition to Track Down Rutherford

- 초기조건을 이용하여 루더포드를 추적

Differentials

- 미분

The Integral Sign

- 적분 기호

Sum Rule for Integrals

- 적분을 위한 덧셈 규칙

Multiplication Rule for Integrals

- 적분을 위한 곱셈 규칙

Perfect Integral Rule

- 완전 적분 규칙

Power Rule for Integrals

- 적분을 위한 파워(승) 규칙

Worksheet: Integrals of Polynomials

- 연습장: 다항식의 적분

Worksheet: Integration by Substitution

- 연습장: 치환 적분

Exercises

8 Finding Areas with Integrals

- 적분을 이용한 면적 계산

The Puzzling Paint Problem

- *난감한 도장 작업 문제*

Summation Notation

- *합산 표기*

The Curve's Area Defined as a Limit

- *제한된 곡선의 면적*

The Gremlin's Terrible Fire and Water Threat

- *그렘린의 무서운 불과 물 위협*

The Mysterious Function A(x)

- *미스터리 함수 A(x)*

The Derivative of A(x)

- *A(x)의 도함수*

Fundamental Theorem of Integral Calculus

- *적분 산출의 기본 정리*

Discovering the Definiteness of Definite Integrals

- *정 적분의 구체적 한계 확인하기*

Worksheet: Definite Integrals

- *연습장: 정 적분*

Exercises

9 Natural Logarithms

- *자연 로그*

The Unfortunate Accident with Some Beads

- *구슬 관련 불운한 사고*

The Power Rule Breakdown: n = -1

- 파워(승) 규칙의 고장: n = -1

The Mysterious Function L(a)

- 미스터리 함수 L(a)

Some Properties of L(a)

- L(a)의 몇 가지 특성

Substitution Method for Evaluating Definite Integrals

- 정적분 계산 시 치환 방법

Remembering Logarithms

- 로그 함수를 상기

The Derivative of the Logarithm Function

- 로그 함수의 도함수

The Fundamental Number e

- 기본적 수 e

Worksheet: Derivatives and Integrals with Logarithms

- 연습장: 로가리즘의 도함수와 적분

Exercises

10 Exponential Functions and Integration by Parts

- 지수 함수와 부분 적분

The Graph of the Logarithm Function

- 로그 함수의 그래프

Pal's Stumble and the Inverse Function

- 팔의 비틀거림과 역 함수

The Exponential Function and the Professor's Amazing Income

- 지수 함수와 교수의 엄청난 수입

The Indestructible Function e^x

- 불멸 함수 e^x

Differentiation of Exponential Functions

- 지수 함수의 미분

The Method of Logarithmic Implicit Differentiation

- 로그 음(내재) 미분 방법

The Integral of the Logarithm Function

- 로그 함수의 적분

The Method of Integration by Parts

- 부분 적분의 방법

Worksheet: Integration by Parts

- 연습장: 부분 적분

Exercises

11 Integration by Trigonometric Substitution

- 삼각법 치환 적분

The Elliptical Rose Garden

- 타원형 장미 정원

The Ellipse Area Integral

- 타원형 면적 적분

Trying a Trigonometric Substitution

- 삼각법 치환 시도

The Area of the Ellipse

- 타원의 면적

The Method of Trigonometric Substitution

- 삼각법 치환 방법

Derivatives of Inverse Trigonometric Functions

- 역 삼각 함수의 도함수

Worksheet: Integration by Trigonometric Substitution

- 연습장: 삼각법 치환 적분

Exercises

12 Integration by Partial Fractions

- 부분 분수 적분

The Red-and-Yellow Fireworks Problem

- 적색과 황색 불꽃놀이 문제

The Integral of the Secant Function

- 시컨트 함수의 적분

Worksheet: Partial Fractions

- 연습장: 부분 분수

Partial Fractions with Quadratic Denominators

- 2차 분모의 부분 분수

The Method of Partial Fractions

- *부분 분수의 방법*

Exercises

13 Finding Volumes with Integrals

- 적분을 이용한 체적 산출

The Pancake Method of Approximating Volume

- 근사치 체적의 팬케이크 방법

The Amazing Resemblance Between the Continuous Sum and the Definite Integral

- 연속적인 합산과 정적분과의 놀라운 유사성

The Volume of the Paraboloid

- 포물면의 체적

Finding Volumes with Cylindrical Shells

- 원통형 셀의 체적 산출

Worksheet: Volume

- 연습장: 체적

The Swimming Pool Volume

- 수영장 체적

Double Integrals

- 2중 적분

Exercises

14 Arc Lengths, Surface Areas, and the Center of Mass

- 호 길이, 표면적, 및 질량(무게)의 중심

The Straight-line Approximation for a Curve

- 곡선에 대한 직선 근사치

The Integral for Arc Lengths

- 호의 길이를 측정하기 위한 적분

The Frustum Method of Finding Surface Areas

- 표면적을 산출하기 위한 프러스텀(절체절개) 방법

The Center of Mass of the Concert Hall Stage

- 연주 홀 무대의 질량(무게) 중심

Exercises

15 Introduction to Differential Equations

- 미분 등식(방정식) 소개

The Oscillating Rule and the Ordinary Differential Equation

- 진동 규칙과 상 미분 등식

Linear Differential Equations

- 선형 미분 등식

The Force of Friction and the Damped Sine Wave

- 마찰력과 감쇠 사인파

Solution Method for Second-order Linear Homogeneous Constant-Coefficient Differential Equations

- 2차 선형 동차 상수-계수 미분 등식의 풀이 방법

The Driving Force and the Nonhomogeneous Equation

- 구동력과 비-동차 등식

Resonance and the Infinite Amplitude Ride

- 공명과 무한 진폭 라이드

Exercises

16 Partial Derivatives and Vectors

- 편 도함수와 벡터

The Two-variable Magazine Subscription Problem

- 2개 변수의 잡지 부수 문제

Partial Derivatives

- 편 도함수

The Dome

- 반구형 지붕

Graphs of Functions of Two Variables

- 2개 변수 함수의 그래프

The Gradient Vector

- 기울기 벡터

The Sleigh Ride and the Falling Basket Ride

- 썰매 타기와 낙하 바스켓 타기

Work, Kinetic Energy, and Potential Energy

- 일, 운동 에너지, 및 위치 에너지

Describing Motion: The Position Vector as a Function of Time

- 움직임 묘사: 시간의 함수로서의 위치 벡터

The Dot Product of Two Vectors

- 2개 벡터의 도트 곱하기

The Derivative of a Vector: Velocity

- 벡터의 도함수: 속도

Circular Motion

- 원 운동

The Force Vector as the Gradient of the Potential Energy Function

- 잠재적 에너지 함수의 변화도에서의 포스(힘) 벡터

The Chain Rule for Vector Functions

- 벡터 함수에 대한 체인 규칙

The Potential Energy for Gravity

- 중력에 대한 잠재적 에너지

Exercises

17 Numerical Methods, Taylor Series, and Limits

- 수치적 방법, 테일러 급수, 및 한계

The Problem Closet Break-in and the Gremlin's Secret Plan

- 벽장 침입 문제와 그렘린의 비밀 계획

The Intractable Elliptic Integral

- 까다로운 타원 적분

The Height of the Children and the Area Under the Bell-Shaped Normal Curve

- *아동들의 키와 종-모양 보통 곡선의 하부 면적*

Approximating the Area with Rectangles

- *직사각형으로 면적 추산*

Numerical Integration

- *수치 적분*

Approximating a Function with an Infinite Series of Derivatives

- *무한 급수의 도함수를 가진 함수의 추산*

Taylor Series

- *테일러 급수*

Visualizing Differential Equations with Slope Fields

- *슬로프 필드에서의 미분 방정식 시각화*

The Ups and Downs of the Space Probe

- *인공위성의 상승과 하강*

Euler's Method for Finding Numerical Solutions to Differential Equations

- *미분 방정식의 수치적 풀이를 찾아내기 위한 오일러 방법*

The Formal Definition of Limit

- *한계의 형식적 정의*

Continuous Curves

- *연속 곡선*

L'Hopital's Rule for Finding Otherwise Unobtainable Limits

- *달리 얻을 수 없는 한계를 구하는 로피탈의 정리*

Exercises

18 Comprehensive Test of Calculus Problems

- 미적분 문제의 종합 시험

The Return of the Gremlin

- 그렘린의 복귀

The 45 Problems

- 45개 문제

The Solutions

- 해답

19 The Professor's Guide to Calculus

- 미적분을 위한 교수의 지침

〈Appendix 1: Answers to Worksheets and Exercises〉

- 연습장 및 연습문제 해답

〈Appendix 2: Summary of Trigonometric Formulas〉

- 삼각법 공식의 정리

〈Appendix 3: Brief Table of Integrals〉

- 적분의 요약표

〈Glossary〉

- 용어 사전

〈Index〉

- 색인

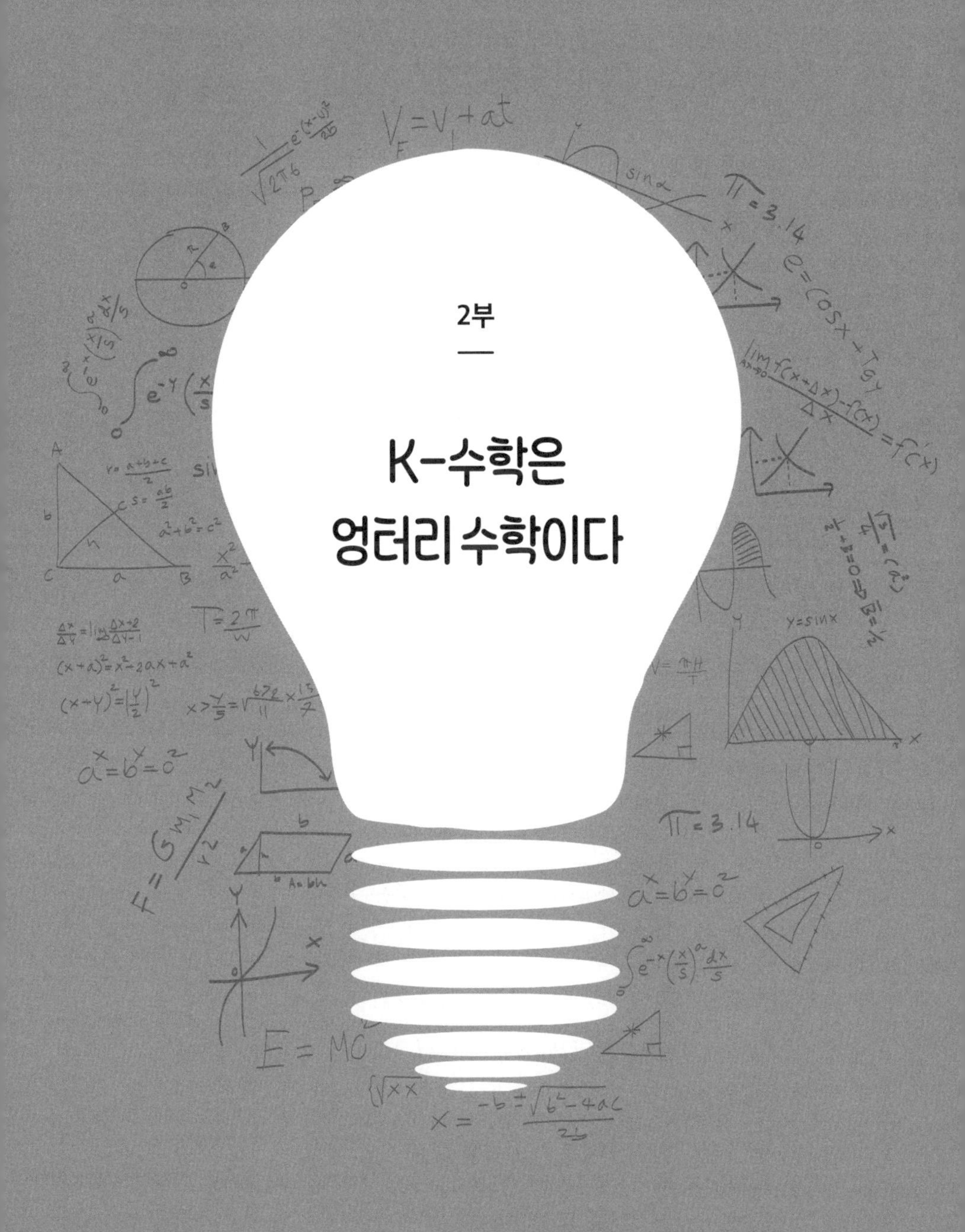

2부

K-수학은 엉터리 수학이다

K-수학은 왜 엉터리 수학인가?

수학은 영어의 개념으로 쓰여진 학문이다.

한국어로는 수학논리를 설명/이해할 수 없다

- 수학은 당연히 영어로 쓰여진 텍스트로 공부해야 한다. 즉 Math in English 텍스트로 공부해야만 논리를 이해할 수 있으며, 더 나아가서 대학에서의 전문적인 학문/기술을 배우고 이를 실현할 바탕을 갖출 수 있다.

- 수학은 서양의 말인 영어의 개념으로 쓰여진 학문이다. 한국어에는 그러한 개념이 없는 경우가 대부분이어서 수학의 논리를 적절히 설명할 수가 없다. 이것이 K-수학이 왜곡되고 올라갈수록 난해한 이유이다. π, e, matrix, trigonometric function 등등 수많은 기본적 수학의 논점들에 대해 그 출현 및 도출 과정을 근본적으로 설명해 주지 못하고, 그 결과물만을 제시하면서 그것을 응용하는 계산 공식(formula)으로 바로 넘어가 버리게 되고, 여러 형태의 Algebra 개념의 등식/방정식(equation)과 Geometry 개념의 논제(issue), 그리고 Calculus에서 벌어지는 여러가지 흥미로운 논제에 대한 도입 과정과 전개 과정 등은

아예 생략해 버린 원천적 이유이다.

- Math의 수학논리 도출 과정은 쉽지도 어렵지도 않은 평범하고 명료한 영어의 표현이다. 누구나 이해될 수 있는 보편적인 설명으로 시종일관(from start to finish) 진행되면서, 인간이 생각해 낼 수 있는 수학적 고찰로 인간세상의 현실과 우주만물의 자연현상을 분석해 내어 설명해 주고 있다. 수학이라는 학문의 정교함에 대한 감탄과 더 깊은 논리를 배우고 싶은 욕구가 절로 우러나오게 된다.

- 만일 누군가가 Math에서 펼쳐지는 이러한 수학의 개념들이 한국의 학생은 알 필요가 없는 것이라고 미리 단정해 버리고 애써 가르쳐 주지 않는다면, 이는 후세대가 받아들일 수 없는 엄청난 기만행위가 될 수 있는 것이다. 미국/영국의 Math에서는 가르쳐 주는데, 한국의 K-수학에서는 가르쳐 주지 않는다면, 그야말로 말도 안 되는 난센스(nonsense)가 될 뿐이다.

- 결과적으로 한국어라는 언어의 문제가 K-수학이 전체적으로 개념이 정립되지 않고 헝클어진 엉터리 진행이 될 수밖에 없는 태생적 이유이고, 많은 수학적 논제들을 다루지 못하는 이유이다. 영어로는 쉽게 설명이 되는데, 한국어로는 무어라 표현하기가 어려운 논점이 너무나 많은 것이다. 본 책에 소개된 Math 텍스트의 학습사항(contents)을 살펴보면 쉽게 알 수 있다.

- 즉석맞춤식으로 급조된 낯선 한자어로 공부해야 하는 모조품의 수학/Math인 것이다. K-수학에서는 일사불란한 논리의 전개가 언어상의 결핍으로 펼쳐질 수 없는 것이다.

- 난해한 K-수학을 공부하다가 포기하는 '수포자'의 출현은 너무나 당연한 현상이다. 사실상 엉터리인 K-수학 때문에 학업을 포기하게 되는 현실을 더 이상 학생, 교사의 노력 부족에 의한 책임으로 돌리지 말아야 한다.

- 수학을 포기하면 사실상 현대의 학문을 포기하는 것이다. 한국의 청년이 지식을 쌓아 올리지 못하고 무력해지는 불행의 씨앗은 여기에서부터 발아되는 것으로, 이러한 현상을 방치하는 것은 결국 한국 사회의 돌이킬 수 없는 중대한 과실(negligence)이고 부작위(non-performance)인 것이다.

- Math의 시작은 대단히 쉬운 영어의 학습으로부터 시작되며, 학생은 수학/Math과 더불어 영어/영문 해석에 대한 자신감으로 현대문명에 대항할 수 있는 무한한 실력과 에너지를 갖추게 된다.

- 한국어/한글로 된 엉터리 K-수학을 당장 접고, 영어로 된 Math를 시작해야만 청년이 글로벌 시대의 인재로 살아갈 수 있는 현대문명의 필수 실력을 갖추게 된다.

Math/수학은 이 세상의 어떤 학문보다 흥미로운 논리를 풀어 나가는, 영어라는 언어로 전개되는 인류 최고의 학문이다. 그런데 번역(translation)/번안(adaptation)의 틀을 거쳐 한국어로 변환되어 전개되는 'K-수학'은 그야말로 난해한 설명과 논리의 연속으로, 학생들이 중도에 수학을 단념케 만드는, 한국인이 수학에 대한 무지(ignorant)의 소치로 스스로 파 놓은 어리석음의 함정이다. 한국어로는 기술하기 힘든 수학의 논리를 억지스럽게 가르치려 하기 때문이다. 이것은 인간의 두뇌 작용으로 감당할 수 있는 한계를 뛰어넘는 무지막지한 사고력을 강요하는 것이다.

이러한 부작위한 현상이 지속되고 있는 현실은 한국이라는 나라 전체가 영어문맹(English illiteracy)으로 인하여 이러한 현실을 스스로 깨우치지 못하고 있기 때문이다. 즉 영어로 된 Math의 실체를 모르는 상태에서 일방적으로 한글로 된 K-수학만을 대상으로 하고 이를 배워야만 하기 때문이다. 수만 개는 될 것 같은 수학 학원의 난립은, 한국인이 수학을 열심히 공부한다는 방증(collateral evidence)이 아니라, 역으로 한국의 수학이라는 학문은 보통의 능력으로는 이해하기 힘들다는, 다시 말하면 자연스럽지 않고 억지스럽다는 반증(counter evidence)의 결과물(results)이다.

왜냐하면 수학이라는 학문은 누가 가르쳐 줘서 깨닫기보다는 교재를 읽고 스스로 깨우칠 수 있는 학문이기 때문이다. K-수학의 교재를 그렇게 만들어야 하는데, 한국어라는 언어문제로 그게 가능하지 않은 것이다. 한국어의 어휘로는 대충의 설명밖에 할 수 없다. 이 정도로 이해해 주기를 바라는데, 학생은 그게 안 되어 학원 순례를 하고 있는 것이다. 학원을 수십 군데 다닌다고 해결되는 문제가 아닌 것이다. 근본 문제는 한국어라는 언어에서 비롯되기 때문이다. 이해하기 쉽게 수학 개념을 한국어로 용이하게 표현할 수 없기 때문이다.

수포자(수학 학습 포기자)가 생기는 원인은 수학이라는 학문이 본래 어렵기 때문이라고 하기보다는, 한국어로 설명하는 K-수학의 개념(concept)을 이해하는 것이 난해(hard)하기 때문이다. 같은 말이라고 착각할 수도 있겠지만 그렇지 않다. 원래의 수학이라는 학문 자체가 논리를 생명으로 하는 논리학이다. 일단 논리를 이해하기 시작하면 참으로 재미가 있는 공부이고, 사고(thinking)의 깊이를 통해 희열을 느끼게 하는 학문이다. 일단 수학에 빠져들면, 수학 이외에 다른 과목은 사실 별다른 사고력을 필요로 하지 않는, 두뇌의 회전이 그다지 필요하지 않은 사실(fact)을 나열한 것에 불과한 단순하고 싱거운 공부로 느껴진다.

수학에서 사용되는 용어(vocabulary)는 하나하나의 의미가 명확하게 규정(define)되고 자연스럽게 이해되어야 한다. 그런데 이 점에 있어서 우리에게는 수학 공부에 따른 문제, 즉 불협화음이 근본적으로 발생한다. 수학 공부를 해 본 사람은 누구나 느꼈을 것이다. 수학을 설명하는 과정에서 사용되는 한글/한자어로 된 용어를 일일이 구별하여 이해한다는 것이 얼마나 난해한가를, 어렵다(difficult)는 말보다는 난해(hard)하다는 말이 더 느낌이 와닿는다. 이 경우를 일컬어 배보다 배꼽이 큰, 즉 주객이 전도된 공부라고 말할 수 있을 것이다. 수학의 논리를 설명하는 말이 수학 자체의 논리보다 더 이해하기 힘든 것이다.

- 한글이라는 작은 문명의 언어로 수학이라는 거대한 문명의 언어인 영어로 이루어진 선진 문명의 결정체인 학문을 속박(harness)하려 하였을 때 당연히 발생될 수밖에 없는 피할 수 없는 부작용인 것이다.
- 논리를 설명하기 위해, 영어를 번역하여 탄생된 한자어는 그야말로 학습자에게 이해를 강요하는 언어적 고문이다. 고의적인 것이 아니지만 한국어/한글로 가르치고 배워야 한다는 정책적 교육지침에서 비롯된 강제적 틀(forced frame)인 것이다.
- 이러한 현상이 논리를 생명으로 하는 수학이라는 학문의 전체 학습 과정에서 발생한다면 어떻게 이를 감당하고 소화할 수 있겠는가?

학습 과정에서 출현하는 난해한 용어는 물론이거니와 그것을 설명하려고 동원되는, 그리고 대부분이 영어 용어에 맞춰 한자로 조합되어 생성된 단어인 한자어를 사용하여 전개되는 한글의 설명이 더 어려운 것이다. 더욱이 생성된 한자어는 아무리 잘 만들어졌어도 원어인 영어가 가지고 있는 원래 의미의 일부만 전달할 수밖에 없어 왜곡이 발생할 수밖에 없는 것이다.

가장 기본적인 예를 들어 'function'을 '함수'라 하고, 'equation'을 '방정식'이라고 사용하면, 'function'의 '어떠한 기능/작용을 하는'이라는 의미와 'equation'에서의 '동등하다/평형을 이룬다/같다'라는 단어의 의미가 '함수'와 '방정식'이라는 단어에서는 전혀 느껴지지 않고 상실된 것이다. 기본적인 의미/개념을 전달해 주지 못하는 언어로 구성된 설명문을 읽고 이해를 강요당하는 공부는 잠시 억지 작동되는 듯한 반짝 효과를 낼 수 있어도

장시간 지속될 수는 없는 것이다.

배워야만 하는 새롭게 등장하는 상위 개념의 말을, 이미 알고 있는 쉬운 말로 설명해 주는 것이 정상적인 가르치고 배우는 교습 과정인데, 이해되어야 하는 논리보다 더 어려운 용어/낱말을 사용하여 설명할 수밖에 없다면, 이해될 수 없는 것이고, 따라서 교육의 효과는 감소할 수밖에 없는 것이다. 설명이 쉬워야 이해가 되고 또 질문을 할 여지가 생기는 것인데, 이해하기 난감한 언어의 어지러운 유희 앞에 학생들은 질문을 못하고 결국 침묵할 수밖에 없는 것이다. 이러한 과정을 무리하게 끌고 나가면, 이것이 주입식 교육이 되는 것이다. 그다음에 오는 것이 학생들이 공부를 포기하게 되는 것이다. 이해하기 힘든 것을 가르치고 시험을 치르게 하는 것은 그 자체로 정신적인 고문(mental torture)인 것이다. 이것을 무한정 견뎌 내라고 강요하는 것은 그야말로 무리한 교육 방법인 것이다.

- 그렇다고 별다른 대책도 생각해 내지 못하는 것이 어쩔 수 없는 한국어/한글 전용 정책으로 스스로 얽어맨 우리의 교육 현장인 것이다.
- 그렇지만 날로 진전되는 현대 학문의 정수(essence)를 제공하는 수학 공부를 포기한다면, 그것은 곧 현대 학문/기술의 포기를 뜻하는 것이다.

이 글은 나의 50여 년간의 걸친 다양한 학력/경력의 인생 역정을 통하여 이 사회의 실체적/본질적 체험과 때늦은 한국어 교재와 영어 교재의 K-수학과 Math 공부와 연구를 통해 나온 결론이다.

이 글은 끈질긴 추적의 결실은 아니다. 다만 수십 년간 다른 분야에 비해 난공불락의 성(castle)처럼 항시 막혀 있던 'K-수학'이라는 장애물에 대한 의문과 이해가 어느 날 비로소 들기 시작한 것이다. 세월호가 침몰된 2014년경 어느 날, 나는 수포자(수학 포기자)에 대한 뉴스를 처음으로 보았던 것이다. 그리고 그 당시 나는 매일 영어로 외국인에게 직업적 멘토링(mentoring)을 하여야 했기에 업무를 위해서 영어라는 언어의 세계에 더 깊이 몰입되어 있을 수밖에 없었다. 영어에 익숙해지고부터는 신문기사와 같은 내용을 제외하고는, 영어로 된 텍스트를 찾아서 지식/정보를 흡수하게 되었다. 한글로 기술된 지식/정보는 뭔가 부족한 함량 미달의 대충(rough)의 기술(description)이 너무나 많았다. 영어로 된 기술은 몇 개의 단어(word)만 파악하면 그야말로 금과옥조(golden rule)의 정교한 기술이었고, 그야말로 새로운 지식을 터득하는 재미가 있었다.

- 항시 내 맘에 잠재해 있던 의문은 '왜 내가 수학이라는 학문을 더 이상 접근하지 못하게 되었는가? 왜 그 결과만을 바라만 보아야 하는가?'라는 의문이었다.

중학교에서 배운 수학인 대수(Algebra)를 완벽하게 잘했다고 해서, 이후로 내가 수학을 계속 잘해야 한다는 당위성은 없었다. 그리고 나의 경력 어디에서도 수학 능력이 그다지 요구되지도 않았다. 그렇지만 그 당시에는 완벽했다 생각했던 수학 실력이 가끔씩 원인 모를 괴리감으로 작용하였다. 왜 고등학교부터는 수학이 갑자기 어려워졌을까? 도대체 이해하기 힘든 그 용어들은 어떻게 탄생하였는가? 자연대수, 허수, 복소수, 미적분, 미분방정식 등등 도대체 이러한 말들이 탄생하게 된 배경과 의미는 무엇이고 왜 필요한가? 공업수학(advanced mathematics)은 대체 무엇을 말하려 하는 것인가? 교재에 나오는 영어로 된 설명문(English sentence)을 도대체 무슨 뜻인지 이해하지 못하는 이유는 무엇인가? 어떻게 하여야 수학논리를 설명하는 영어로 된 이 텍스트를 이해할 수 있게 되겠는가?

그것은 영어에 대한 이해가 완숙해지면서, 서양 학문으로서 수학(Math)의 본질을 따지게 되는 계기가 되었다. 즉, 영어로 된 수학 용어를 보게 되면서, 그동안 잘 정리되지 않고 난해한 우리의 번역된 K-수학의 용어들이 나에게 얼마나 많은 오해를, 잘못된 인식과 선입견을 심어 주었는가를 깨닫게 되었다.

어찌하여 'complex number'을 '복잡(複雜)한 수'라 안 하고 '복소수(複素數)'라 하고, 'imaginary number'을 '상상(想像)의 수'라 안 하고 '허수(虛數)'라 하는가? 그런데 왜 그러한 말들을 원어인 영어로 그대로 알려 주지 않고, 더 어려운 용어로 번역을 하여 사용하여 학생의 이해를 방해하는 것인가?

사실 그동안 '복소수', '허수'라는 말은 도무지 이해가 안가는 요령부득의 말이었다. 그러나 'complex number', 'imaginary number'라는 원어(original words)와 이에 따른 설명을 보고 Math의 명료함과 깊이를 느낄 수 있었다.

- 즉, 수학적인 생각을 이끌어가는 논리에 함유된 깊이 있는 분석과 이에 따른 전개를 이해한 것이다.

- 이것은 누군가의 고의(intentional)가 아니라, 한국어라는 언어로는 이러한 설명이 불가하다고 결론 지울 수밖에 없는 것이다.
- 한국어는 상대적으로 작은 문명의 언어라는 것이 이런 의미를 지닌 것이다.
- 결론적으로 한국어는 수학을 속박(harness)할 수 있는, 즉 수학을 가르치고 배울 수 있는 언어가 못 되는 것이다.

그러나 내가 영어로 된 원어(origin words)를 알기까지 무려 40년이 넘는 세월의 시차(time-lag)가 있다는 것이 문제였다. 배울 때 바로 알지 못하고 너무나 늦게 깨닫게 된 것이 억울하다면 억울한 것이었다. 영어로 된 원어를 애초에 몰랐던 나는 번역/번안된 용어만을 보고서는 원래의 뜻과는 다른 개념을 생각하였던 것이었다. 그것은 실제보다 훨씬 어려운 개념으로 생각되었고, 쉽게 따라가기/이해하기 힘든 개념으로 상상(imagine)되었다. 수학이라는 학문에 사용된 용어가 나름 똑똑하다고 자기도취(self-confident)에 빠진 한 인간의 사고력(thought)을 무력화(paralyze)한 것이다. 마치 "너의 보잘것없는 지능(IQ)을 가지고는 '나'라는 '수학'을 공부할 자격이 없다"라는 엄숙한 메시지를 준 것이다. 한국어라는 언어의 부작위(nonperformance)가 어이없는 결말을 가져온 것이다.

영어 원문을 보면 뜻이 명확하고 이해가 확실해지는데 이것이 번역/번안의 과정으로 인해 그 개념이 받아들이기 어렵게 변질/왜곡된다면, 과연 이것을 어쩔 수 없다고 하여야만 할 것인가? 나의 우매함으로 여기기에는 억울한 점이 많았다. 중학교 3학년 시절 전교 수학 경시 대회에서 최고점을 받았던 객관적인 수학 재능이 있었기 때문이었다. 내가 이러할진대 다른 사람의 경우는 어떠할 것인가?

- 이것은 무언가 크게 잘못된 과정이 아닐까 하는 의문이 들 수밖에 없다. 교육의 비교육적 횡포인 것이다.

이 세상에서 가장 오래되고 기초적이고 논리적인 학문을 가르치는 데 있어서, 무언가 이리저리 꿰매고 엮어서 만들어 낸 저만의 어려운 용어를 동원하여, 남이야 이해를 하든 말든 어쩔 수 없이, 설명하고 풀어 나가고 있는 우악스러운 현실을 직시하게 된 것이다.

이해를 못하면 못한 대로 공식(formula)을 외우고, 풀이 과정을 요령 있게 외우고 하여 주어진 문제를 풀어내면 우리의 수학 교육 과정은 끝나는 것이다. 한마디로 그때그때 문제에 따른 풀어 나가는 요령을 가르치는 것이다. '그다음의 전개는 알아서 해라. 나는 여기까지다!' 하고 교사는 그나마 최선을 다했다고 자위하고 있는 것이다.

- 교사도 수학의 전체 과정에 대한 깊은 지식 없이 교과 과정에 따른 임기응변식 문제풀이 요령만을 숙달하고 그것만을 일방적으로 가르치고 주입시키고 있는 것이다. 한마디로 수학이라는 학문을 가르치고 배우는 것이 아니라, 문제풀이 요령을 가르치고 배우는, 계속해서 대를 이어 이뤄지는 한국식 수학인 K-수학의 도제식(apprenticeship) 학습 현장인 것이다.

- K-수학으로 배운 교사도 그 이상은 모를 수밖에 없는 것이 당연한 현실이다.

초등학교 수준인 산수(Arithmetic) 개념에 해당되는 말은 모든 문명이 거의 같은 수준의 말을 가지고 있어서, 이질감을 별로 느끼지 않을 것이다. 그러나 개념의 수준이 차츰 올라가서 중학생 수준의 대수(Algebra)/기하(Geometry)에 이르면, 이해 정도가 달라지게 되는 것이다. 대수/기하는 잘 쓰이지 않는 용어인데, 예전에는 무슨 뜻인지도 모르고 공부하였다. 최근에서야 비로소 한자어로 된 용어의 수학적 의미를 추정할 수 있게 되었다.

- 대수/기하라는 개념은 우리에게는 없는 낯선 개념인 것이다. 따라서 이 개념을 설명하기 위해 동원되는 용어는 원어인 영어를 그대로 써야 한다. 바로 이해가 안 되고 시간이 걸릴지라도 학습자 스스로 제자리를 찾아 결국은 정확한 이해를 가져갈 수 있는 것이다. 그렇지 않으면 부분적/단편적 이해를 가지고 마치 전부인 양 오해하는 선입견/편견(prejudice/bias)을 갖게 되는 것이다. 그것은 오로지 번역(translation)/번안(adaptation)의 행위로 인해 유발되는 부작위(non-performance)인 것이다.

논리적으로 일관성 있게 전개가 되어야 정상적인 감성과 인지를 통해 의문이 생기는 것이다. 그리고 그것을 논리적으로 풀어 가는 과정이 모든 학문의 진행 과정으로, 지속적으로 논리를 성립시키기 위한 과정을 배우는 것이다. 즉 학문의 정립 과정에 진입하여 스스로 개척하며 나아가는 것이다.

- 즉, 논리적이지 못하면 이해가 안 되고 혼란스럽기만 할 뿐 애초에 의문이 생길 수 있는 여지가 없어지는 것이고, 거기서 사고(thinking)는 진전되지 못하고 멈추게 되는 것이다.
- 이것이 학업을 포기한 학생의 자괴감(sense of shame)이다. 누군가의 도움 없이도 교재만 보고서도 공부가 될 수 있어야 정상적인 과정인 것이다.
- 그 옛날 누군가의 절실한 도움은, 오늘날의 IT(정보통신) 세상에서는 너무도 손쉬운 형태로 우리 주변에 제공되고 있다. 이제는 수학을 가르치고 배우는 교육 방법이 바뀌어야만 한다.

한국어/한글로 작성된 수학, 과학, 기술 등 서양 학문의 텍스트는 그 전개 과정에서의 논리가 세밀하지 않고 투박하다. 이러한 현상은 한국어라는 언어의 세계에서 비롯되는 것으로, 영어로 된 원서를 보는 것 외에 어떤 특별한 방법을 동원한다고 해서 다듬어질 수 있는 것이 아니다.

다음의 예로 든 한국어 수학 용어에 있어 각각을 구별하고 그 의미를 떠올리는 것은 쉬운 일이 아니다.

아래의 용어는 수(number)를 지칭하는 K-수학의 용어이다.

1) 소수, 자연수, 정수, 유리수, 무리수, 실수, 허수, 복소수, 켤레 복소수, 함수
2) 소수(素數), 자연수(自然數), 정수(整數), 정수(定數), 유리수(有理數), 무리수(無理數), 실수(實數), 허수(虛數), 복소수(複素數), 켤레 복소수(複素數), 함수(函數)
3) 소수(素數)/prime number, 자연수(自然數)/natural number, 정수(整數)/integer, 정수(定數)/constant, 유리수(有理數)/rational number, 무리수(無理數)/irrational number, 실수(實數)/real numbers, 허수(虛數)/imaginary number, 복소수(複素數)/complex number, 켤레 복소수(複素數)/conjugate complex number, 함수(函數)/function
4) prime number/소수, natural number/자연수, integer/정수, constant/정수, rational number/유리수, irrational number/무리수, real numbers/실수, imaginary number/허수, complex number/복소수, conjugate complex number/켤레 복소수, function/함수
5) prime number, natural number, integer, constant, rational number, irrational number, real numbers, imaginary number, complex number, conjugate complex number, function

소수, 정수, 허수, 복소수, 함수 등의 용어는 사서삼경 등의 동양고전(Chinese classics)에서나 나옴 직한 차원 높은 개념을 연상케 하는 말로써, 의도하는 수학적 개념을 심어 주기에는 역부족의 용어이지만 어쩔 수 없는 차선의 선택으로 탄생한 K-수학에 최적화된 용어인 것이다.

다음의 용어는 수학논리의 전개를 위해 사용되는 용어이다.

1) 서로 소, 순서쌍, 정의역, 공역, 치역, 방정식, 부등식
2) 서로 소(素), 순서쌍(順序雙), 정의역(定義域), 공역(共域), 치역(値域), 방정식(方程式), 부등식(不等式)
3) 서로 소(素)/disjoint sets, 순서쌍(順序雙)/ordered pair, 정의역(定義域)/domain, 공역(共域)/codomain, 치역(値域)/range, 방정식(方程式)/equation, 부등식(不等式)/inequality
4) disjoint sets/서로 소, ordered pair/순서쌍, domain/정의역, codomain/공역, range/치역, equation/방정식, inequality/부등식
5) disjoint sets, ordered pair, domain, codomain, range, equation, inequality

서로 소, 순서쌍, 정의역, 공역, 치역, 방정식, 부등식; 이렇게 난해한 말은 도대체 쉽게 이해될 수 있는 말이 아니다.

'ordered pair'는 '순서 쌍'이 아니라 '지정된 짝'이라고 하여야 그나마 의미가 맞는다. 'order'가 아니라 'ordered'이므로 '지정된'이라는 의미를 갖는다. 'pair'의 경우, '쌍'보다는 '짝'이라고 하는 것이 논리에 맞는 타당한 표현이다. 'function'을 '함수'라고 하고, 'equation'을 '방정식'이라고 하는 것은 본래의 수학적 의미를 쉽게 짐작하지 못하게 하는 말이다. function은 수(數; number)가 아닌 어떤 특정한 기능적/기계적 작동을 하고 있는 상태를 수식으로 표현하고 있는 것이다. 'inequality'를 '부등식(不等式)'이라

하면, 'equation'은 '등식(等式)'이라 하여야만 논리의 일관성을 갖춘 용어가 된다. 이것을 '방정식(方程式)'이라고 하면, 말 자체는 근사하나, 수학적 논리의 개념을 한참 벗어난 고차원의 선문답(禪問答) 같은 아리송한 의미를 풍기면서, '부등식'의 용어를 한참 동떨어진 개념의 용어로 잘못 인식하게 하는 것이다. 'equation'과 'inequality'는 '같다(등식)'와 '같지 않다(부등식)'로 구별되는 일관된 수학적 동일선상의 개념인 것이다.

이것은 한 가지 예(example)의 불과한 것으로, 논리의 수준이 높아질수록 그 현상은 더욱 심각해지면서, 여기서 전개되는 수학적 개념은 도저히 보편적 타당성을 지녔다 할 수 없는, 마치 고차원의 선문답 같은 일상적인 보통의 생각으로는 이해하기 힘든, 수학 교재를 작성한 집필자 집단만이 이해하는 은어(jargon)가 되는 것이다. 그러나 이 어쩔 수 없는 현상은 집필자의 문제가 아니라 한국어라는 언어에서 비롯되는 피할 수 없는 K-수학의 태생적인 한계라는 것이다. 한두 개의 용어를 쉽게 만든다고 해서 피해 갈 수 있는 것이 아니다.

이러한 용어를 이해하기 위해, 한자에 대한 상당한 지식을 가진 필자도, 인터넷의 검색 엔진(search engine)과 백과사전인 위키피디아(Wikipedia)를 통해 영어의 용어가 등장하는 설명을 보고 나서야 그 의미를 비로소 짐작할 수 있게 되었다. 즉, 영어로 된 원어를 보아야만 한자어로 된 용어의 의미를 비로소 다소나마 짐작할 수 있게 된 것이다.

이러한 용어들은 중고등 학생들에게 이해될 수 있는 언어가 아닌 것이다. 이러한 용어들이 출현할 때마다 그때그때의 논리를 풀어 나가는 설명을 이해하기 어렵게 만드는 장애(barrier)를 가져올 수밖에 없는 것이다. 즉 충분하게 설명을 할 수도 없고, 설명을 해도 못 알아들을 수밖에 없는 것이다. 학생 본인에게는 어처구니없게도 '나는 학습 능력이 모자란다', '나는 머리가 나쁘다' 하는 식으로 자학(self-abuse) 의식을 심어 주게 되는 네거티브(negative) 환경을 한국어라는 언어 자체가 부여하고 있는 것이다.

- 설명이 충분하지 못한 것이다. 한국어라는 언어로는 충분한 설명을 하고 싶어도 할 수 없는 것이다.
- 오로지 영어로 작성된 수학 교재인 Math 텍스트로 공부해야만, 즉 이러한 수학적 논리는 오직 영어라는 언어로만 설명이 가능하기 때문에, 수학적 논리를 무리 없이 기술할 수 있으며, 학생은 이러한 기술을 통해 비로소 이해를 가져갈 수 있게 되는 것이다.
- 한국어로 된 교재를 사용함으로써, 교육이 비교육적 요소를 자체적으로 함유하고 있는 모순된 형상이다.
- 즉 수학의 논리가 이해하기 어려운 것이 아니라, 이를 설명하는 한국어 자체가 이해하기 어려운 것이다.

앞에서 소개된 용어들은 그때그때 등장하는 원어(영어)의 의미를 좇아서 번역된 것이다. 번역/번안에서의 선입견/편향은 이 경우에도 예외 없이 작동되며, 그 난해 정도는 수학 학습 포기자(수포자)를 양산해 내고 마는 것이다. 시차(time lag)가 있을 뿐이지 결국은 학생 모두 수포자가 되는 것이다. 영어로 바로 접하면 시간이 걸리더라도 결국은 용이하고 온전하게 이해할 수 있는 논리를, 임시변통한 한자어를 동원한 한국어로 어렵게 풀어놓아 그 의미를 어렵게 만들어서, 학생들로서는 도저히 이해할 수 없는 난공불락의 난해한 논리로 전개하거나 대충 생략하고 넘어가고 마는 것이다.

- '왜 이렇게 어렵게 하여야만 하는가?' 하는 근본적인 회의감이 들 수밖에 없는 것이다.
- 학생은 배우는 즐거움이 아니라 배우는 고통을 받아야 하고, 정신적인 스트레스를 감당 못하여 학업을 포기하고 방황하게 된다. 한국 청소년의 갈등과 방황의 시발점이 되는 것이다.
- 더욱이 이러한 교육 과정의 결말은 전문성을 갖추지 못하고, 아마추어식 맛보기 지식만을 갖춘 어설픈 지식인을 배출하게 되는 것이다.
- 이것이 나라사랑, 국어사랑의 실현인가? 둘 다 아닌 것이다. 오히려 정반대의 길을 지향하고 있는 것이다.

영어에 능숙해져야 앞에서 소개된 용어들을 비교적 용이하게 이해할 수 있을 것이다. 우리에게 영어를 어느 정도 능숙한 수준까지 잘하게 된다는 것은 많은 노력/시간이 필요한 일이다. 그런데 우리가 착안하여야 할 중요한 점은 어떠한 과정을 거쳐서 영어에 능숙해지느냐 하는 방법론에 있다. 바로 이 점이 이 글의 핵심 포인트인 것이다.

이 글의 결론에 해당되는 말이기도 하지만, 온전한 수학 학습을 하면서 동시에 영어에 능숙해지기 위해서는 수학을 시작부터 영어로 배우는 것이다. 영어로 된 설명을 읽고, 영어로 기술되는 용어(vocabulary)의 정의(definition)를 배우고 이해하면서, 영어라는 언어의 말 하나하나의 활용을 기본/기초부터 자연스럽게 익히고 배우게 되는 것이다. 시작은 더디겠지만 이것이 완벽한 영어로 가는 확실하고 가장 빠른 방법이며, 영어로 된 모든 학문을 확실하게 배울 수 있는 터전이 마련되는 것이다. 이러한 과정을 거쳐야만 영어 말에 대한 의미를 온전히 이해하면서, 기술된 논리를 완벽히 소화/이해/전개할 수 있어 온전한 서양 학문을 할 수 있는 전반적인 능력이 생기는 것이다.

즉, 모르는 말(영어)을 겪으면서 그것에 대한 이해를 터득하는 과정을 반복해 나가면 결국은 영어라는 언어의 전반적인 세계에 대한 시야를 확보할 수 있는 깨달음의 기회를 갖게 되는 것이다. 그들의 생각하는 방향, 이를 표현하는 방법, 즉 말하고 기술하는 방법을 터득하게 되면, 영어라는 언어에 대한 두려움이 없어지고, 이때부터 영어로 된 참다운 지식을 습득하는 무한한 기회를 갖게 되는 것이다. 이때부터 영어는 나의 언어가 되는 것이다. 우리가 한국어를 외워서 하는 것이 아니듯, 처음 접한 영어의 말(words)은 두 번, 세 번 겪으면서 나의 언어로 차차 굳어지게 되는 것이다. 그러므로 공부를 한다는 것은, 많은 텍스트를 본다는 것이고, 영어에 능숙해진다는 것이고, 동시에 많은 학문적 지식을 갖추게 되는 것이다.

학문적 지식을 갖추지 못한 영어 실력은 있을 수도 없고, 또한 무의미한 것이다. 영어시험 점수는 높은데 영어 실무를 잘하지 못하는 현상이 이를 방증하는 것이다.

- 이러한 방법론이 Math 공부가 함유한 최고의 가치인 것이다. 영어와 수학을 동시에 마스터(master)하는 것이다.

앞에서 예시한 1), 2), 3), 4)와 같이 난해한 한글로 배우고 풀어 나가야 하는, 학생의 사고력을 절벽으로 몰아가는 과정을 일부러 거쳐야 할 하등의 이유가 없는 것이다. 즉 5)와 같이 바로 영어의 원어를 접하면서, 수학의 논리와 이를 표현하는 말의 의미를 이해하려는 과정을 거쳐, 영어를 이해하면서 수학적 논리 전개의 과정을 차근차근 밟아 나가는 것이다.

수학적인 논리의 과정을 설명하는 영어라는 언어의 표현을 이해하면서, 논리를 추적하게 하면 수학을 배우고 동시에 영어를 배우는 일거양득 이상의 학문 도야 과정을 마련하고 성사시킬 수 있는 것이다.

- 결국은 영어로 된 텍스트로 수학의 전 과정을 배워야 된다는 것이고, 이는 수학이라는 학문의 습득을 위한 당위성인 것이다.
- K-수학의 입문 과정은 비교적 순탄하다 할 수 있다. 그런데 여기에 현혹되어 점점 깊숙이 몰입하게 되면, 개인마다 정도의 차이는 있지만, 이윽고 이해하기에는 간단치 않은 장애가 곳곳에서 돌출하면서 진퇴양난의 위기를 맞이하게 되고, 결국은 수포자로 전락하는 것이다. 시간과 노력은 되돌릴 수 없기 때문이다.
- 수포자는 단순히 수학만을 포기하게 되는 것이 아니다. 현대의 문명

을 떠받치는 학문/기술은 모두 수학적 모델을 기반으로 해서 성립되어 있으므로, 이들을 접하게 되면 모두 겉핥기식으로 넘어가는 부실을 피할 수 없게 되는 것이다. 한국에서 발생하는 모든 대형사고의 잠재적 근본 원인(root cause)의 뿌리가 되는 것이다.

앞의 예시와 같은 한국만의 한국어 용어를 만들어 내는 최초의 작명가는 영어 단어와 일대일로 K-수학의 용어를 만들어 내는 데 충실하였을 것이다. 하지만 원어가 가진 대칭되는 의미(symmetrical meaning)를 온전히 담은 한국어의 용어를 만들어 내기는 불가능한 것이다.

- 처음부터 원어인 영어를 그냥 표기하면 애써 한글로 작명(naming)을 해야 하는 고민과 혼란은 사라졌을 것이다.
- 이것은 거대한 서양의 문명/문화와 작은 한국의 문명/문화의 차이에서 오는 것이다. 글로벌 세상에서 동방의 작은 나라 한국에서 사용하는 국지적 언어인 한국어로 거대한 선진 문명의 언어를 지속적으로 속박(harness)하려 하고 있는 모양새이다.

한글로의 번역/번안을 통해 Math/수학을 하겠다는 것은 한마디로 돌멩이를 반듯하게 다듬지 않고 그때그때 사정에 맞춰 대충으로 성곽(castle)을 높게만 쌓아 올리는 꼴이다. 계속 쌓아 올린다면, 얼마 못 가서 성곽은 무너져 내릴 수밖에 없을 것이다. 즉 높게 올릴 수 있는 한계가 있는 것이다. 반석의 기초를 다지고 정교한 사고적(thoughts) 논리로 다듬어 쌓아 올려야 되는 학문을, 얼기설기 꿰어 맞추는 임시변통식 용어를 동원한 설명으로 사상누각처럼 쌓아 올리다 끝내는 포기하고 마는 것이다. 즉석맞춤식 논리는 고등학교 과정까지 이어지고 있고, 대학 과정은 억지 춘향의 궤(track)를 밟고 있다가 용두사미로 끝내고 마는 것이다.

- 학문의 실용 수준에 다다르지 못하고 중간에 멈추는 것이다. 흉내만 내다 끝나는 것이다. 여기서 비롯된 착각이 한국 청년의 무능력을 가져오는 시발점인 것이다.
- 우리의 언어 한국어로 이 세상 최고의 학문인 수학을 배우려 하는 것은, 그야말로 짚신을 신고 히말라야의 고봉(peaks)을 정복하려는 무모한 시도인 것이다.

수학은 쉬운 논리를 기반으로 하여 단계적으로 차원 높은 논리로 이끌어 나가면서, 현실세계의 역동성(dynamics)을 풀어 나가는 흥미진진한 학문이다. 원래의 Math 텍스트는 행여 이해가 더디어져 진도(progress)가 늦더라도, 결국은 스스로 터득하여 학습할 수 있게 진도 과정이 쉬운 용어를 사용하여 무난하게 기술된다. 누군가의 설명을 굳이 듣지 않아도, 텍스트의 설명 기술만을 통해 얼마든지 쉽게 이해되도록 쓰여야 한다.

- 이렇게 쓰여진 텍스트를 self-teaching 텍스트라 하며, 본 글에서는 한국의 학생에게 적합한 최고의 텍스트를 소개하는 것이다.

즉 다소 이해가 늦어서 시간이 걸리더라도 스스로 터득할 수 있는, 즉 가르쳐 주는 교사가 없어도 학생 스스로가 독학(self-study)을 통해 마스터할 수 있어야 한다. 수학을 배우러 굳이 학교나 학원을 다니지 않아도 되는 것이다. 학원을 다니다는 것은 아까운 시간의 낭비인 것이다. 이것은 오로지 엉터리 K-수학으로 인해 불거진 부작용인 것이다. 수학은 오로지 자기자신의 두뇌 회전(brain working)을 통해서만 학습할 수 있는 철학적 학문으로, 당연히 많은 자신만의 생각의 시간이 필요한데, 여기에 필요한 금쪽같은 시간과 노력을 돈을 들여 낭비하고 결국은 지쳐 쓰러지고 포기하고 마는 것이다.

그런데 이러한 현상은 단순한 문제에서 출발한 것이다. 그것은 수학이라는 학문의 개념을 전달하는 언어 매체인 한국어라는 언어의 문제인 것이다. 한국어로는 그러한 설명의 기술(description)이 불가능한 것이다.

- 한국어로는 온전한 수학을 배울 수 없고, 수학의 논리를 생각할 수 없다. 다시 말해 한국어로 전개되는 K-수학은 용두사미로 끝날 수밖에 없는 태생적 한계를 지닌 수학인 것이다.
- 더 이상의 미련을 갖지 말고, 지금 즉시 Math를 공부하기 시작해야 한다. 후회는 아무리 빨라도 늦는 것이다. 시간과 노력은 되돌릴 수 없다. 절대 후회하지 않는 도전이 될 것이다.

세계적인 인터넷 사전인 '위키피디아/Wikipedia'에서는 다음과 같이 수학의 분야를 구분하였다;

[Mathematics can, broadly speaking, be subdivided into the study of quantity, structure, space, and change (i.e. arithmetic, algebra, geometry, and analysis). Fields of mathematics; Wikipedia]

[수학은 quantity(양), structure(구조), space(공간), change(변화)에 대한 고찰이라고 크게 나누어 말할 수 있다. (즉 arithmetic(산수), algebra(대수), geometry(기하), analysis(해석)을 말한다.) 수학의 분야; 위키피디아]

- 이 분야에서 보듯이 수학을 포기하는 것은 현대의 학문/기술을 포기하는 것이나 마찬가지이다.

우리나라에 수학을 잘하는 사람은 없다. 한국어로 수학을 잘하기는 낙타가 바늘구멍 통과하는 것만큼이나 불가능한 것이다. 못하는 사람 중에 개중 나은 사람이 있을 뿐이다. 그들이 수학의 교사/교수이다. 현대의 수학은 오늘날의 한국어가 감당할 수 있는 역량을 초과하는 학문인 것이다. 이 말은 한국어로는 Math/수학이라는 학문을 수용할 수 없다는 것이다.

번역으로는 수학적 논리의 일관성을 유지하기 힘들다. 불가능하다고 볼 수밖에 없다. 번역으로 이어지는 서술 과정에서 동원된 한국어의 용어가 영어의 용어와 개념의 대칭성을 유지할 수 없기 때문이다. 서양에서 수학의 논리를 기술하는 데 쓰인 말이 가진 의미와 느낌을 온전히 가지고 있는 한국어가 있을 수 없기 때문이다. 그러기에 우리는 새로운 용어가 출현할 때마다 거기에 맞춰 새로운 한글 용어를 임의적으로 만들어 내야 하는 것이다. 영어의 용어는 일상적인 말의 조합이나 변형으로, 그 말을 접하는 순간 그 뜻을 자연스레 헤아릴 수 있는데 반해, 우리의 한글 용어는 대부분 낯선 한자를 조합하여 만든 한자어로, 그 의미를 짐작하기 어려운 생소한 이름으로 탄생하는 것이다.

- 앞에서도 언급한 '서로 소', '순서쌍', '정의역', '공역', '치역' 같은 생소한 용어로 Math/수학의 논리를 세우겠다는 발상은 그 자체로 비논리적인 우격다짐인 것이다.
- 달리 표현하면 암호문를 풀어야 할 코드(code)와 같은 전형(type)의 말을 가지고 수학의 논리를 가르치겠다는 억지를 부리는 교육 현장의 딜레마(dilemma)이다.
- 문제와 답을 정해 놓고 거기에 도달하는 요령을 가르치는 수박 겉핥기의 박제된(stuffed) 교육을 Math/수학이라는 학문이라고 억지스럽게 주장하고 이를 학생에게 강요하고 있는 현실이 대한민국의 학교 교육 현장이다.

더군다나 대부분의 용어가 한자어로 이뤄진 것이라 그 뜻을 전달받기 위해서는 몇 배의 사고력을 필요로 한다. 수학이라는 학문 자체가 깊은 사고를 필요로 하는 것인데, 우리는 한 술 더 떠 잘 쓰이지도 않는 한자어의 용어를 동원한 설명을 이해하여야 하는 노력까지 더 해야만 하는 것이다.

영어로 된 원어는 한 번의 이해로 알 수 있고 두고두고 헷갈리지 않게 기억이 되지만, K-수학 교과서에 나오는 한글의 용어는 배우는 그때만 잠정적으로 이해를 했다고 보고 그다음 논리를 전개하게 되는 것이다. 즉, 이후로 전개되는 많은 과정에서 다시 인용되면 개념의 혼란이 일어나고, 논리의 전개 과정에서의 설명 과정을 확실하게 이해하지 못하게 되면서, 적당히 다음 과정으로 넘어가게 되고, 결국은 어느 지점에서는 마치 실타래가 엉키는 것처럼 굳어 버리는 것이다. 이것이 수학 학습의 종말 현상인 것이다. 이후로 전개되는 수학은 답을 내는 과정과 공식을 외워서 전형적으로 주어지는 문제를 풀고 해답을 써내는 강제된 훈련 과정인 것이다. 이것이 한국에서의 수학이라는 학문의 왜곡된 도야 과정(study process)이다.

예를 들어 수학 용어에 '정수'라는 용어가 있다. 이 말은 -214, 0, 7, 24와 같은 수(數)로, 분수의 형태나 소수점 이하로 표시되지 않는 수를 말하는 '정수(整數)/integer'와 일정한 수를 나타내는 말인 '정수(定數)/constant'와 쉽게 구별되지 않는다. '정수(整數)/integer'라는 개념은 어려운 개념이 아니지만, 이를 지칭하는 우리의 용어는 말의 의미를 쉽게 짐작할 수 없는 어려운 한자를 동원하여 작성된 용어를 사용하고 있는 것이다. 그것이 뜻하는 바는 기초적인 쉬운 개념이지만 말과 글 자체는 쉽게 이해하기 어려운 용어를 쓰는 것이다. 동음이의어(homonym)인 '정수(定數)/constant'라는 말은 '상수(常數)/constant'라는 말과 같은 의미로 쓰이고 있으며, 변하지 않고 일정(一定)하게 유지되는 값을 뜻한다. 하나의 의미를 가진 말이 두개의 용어로 표현되면 그것도 혼란스러운데, 더구나 '정수', '상수'를 지칭하는 한국어는, 한자어라는 의미대로, 정수(精髓)/정수(精水)/정수(正手)/정수(艇首), 상수(上手)/상수(上水)/상수(霜鬚) 등등 수십 개가 넘는 한자로 구별되는 동음이의어를 가지고 있는 것이다. 이러한 말의 구별은 한자를 병기하여야 구별될 수 있는 태생적인 불편함을 가지고 있는 것이다. 이러한 말을 사용하여 수학의 논리를 설명하겠다는 시도를 이제는 중지해야만 하는 것이다.

영어는 단어/말 하나하나가 자체적으로 근원적인 논리와 용이한 분별력/변별력을 가지고 있고, 이러한 바탕에서 일정한 규칙을 가진 변형으로 새로운 말이 탄생하여도 그 말의 의미를 쉽게 추정할 수 있다. 말을 듣기만 하여도 그 의미를 짐작할 수 있다. 우리의 언어가 도저히 따라갈 수 없는 경지이다. 번역으로는 도저히 감당할 수 없는 광범위한 논리(logic)와 사고(thought)의 영역이 전개되는 것이다. 우리는 이러한 말을 접할 때마다 거기에 맞는 뜻을 전달하기 위하여, 잘 쓰지도 않는 어려운 한자를 조합하여, 원어의 개념이 온전하게 전달되지도 않는 새로운 말을 만들어 내고, '그 말이 이 말이다' 하고 억지를 쓰고 있는 것이다.

이러한 과정에서 동음이의어가 다수 출현하게 된다. 동음이의어는 의사소통(communication)에 있어서 치명적인 결함이지만 한자를 도입해야 되는 어쩔 수 없는 단계에서 탄생될 수밖에 없는 것이다.

이렇게 하여 처음 보는 새로운 용어를 만들어 내야 하는 경우가 생기는 것이다. 단발성으로 끝나는 경우는 다행이지만, 이러한 말을 가지고 논리 과정을 전개하면 나중에는 무슨 말인지 모르는 헷갈리는 글이 되는 것이다. 글을 읽는 독자(reader)가 알아서 이해를 하여 주기를 바랄 뿐이라면, 글의 메시지는 퇴색되어 죽은 글이 되고 마는 것이다.

결국은 '억지 춘향', '빛 좋은 개살구' 형태의 학문을 하게 되는 것이다. 이로 인해 본래는 차원 높고 흥미로운 학문인 수학이 마냥 골치 아프고 혼란스럽고 어려운 공부가 되어 결국은 포기하는 학생, 즉 수포자가 속출하는 현상이 발생되고 마는 것이다. 번역된 용어를 사용하여서는 학문의 개념을 지속적으로 전달할 수 없다. 이것은 서양의 학문/기술을 우리의 학문/기술로 전환하는 번역이라는 과정에서, 핵심적인 역할을 수행하는 언어라는 전달 매체인 한국어에서 비롯되는 어쩔 수 없는 먹통 현상인 것이다.

고등학교 과정까지는 한글로 가르치고 나서, 대학 과정에서는 영어로 배워야 한다면, 이는 영어까지 이해하여야 되는 고통을 안겨 주게 되는 것이다. 이 과정에서 사전(dictionary)을 끼고 산다고 해서 영어 문장이 해독되는 것이 아니다. 영어로 된 하나하나의 말의 의미를 이해 못하는 것이다. 언어의 기초/태생 과정부터 숙달되어야 성장된 언어를 쉽게 이해할 수 있게 되는 것이다. 기초(low level) 지식부터 배워 나가야 고등(high level)의 지식을 무난히 이해할 수 있게 되는 것이다. 사전(dictionary)은 낯선 말이 출현하였을 때 그 말의 의미와 쓰임새를 간단하게 알아보는 것이지, 전체 글의 메시지를 이해시켜 줄 수는 없는 것이다. 전체를 개략적으로 이해하는 사람만이 낯선 말의 개념을 사전 등에 기록된 간단한 설명만으로도 글의 전체 메시지를 무난히 이해할 수 있게 되는 것이다.

전체를 이해하려면 나이에 상관없이 초기 입문 단계부터 영어로 된 텍스트로 시작해야 되는 것이다. 그래야 각종 말/글의 의미를 체득하게 되면서 텍스트의 내용을 흥미롭게 이해할 수 있게 되고, 기초 지식이 쌓이면서 호기심을 가진 학문/기술 분야의 전문적 지식을 추구하기 위한 진지한 여정(journey)을 시작할 수 있게 되는 것이다. 이러한 과정을 무시하면, 장기간 영어라는 언어의 언저리를 맴돌다가 끝내 지쳐서 포기하게 되는 것이다.

- 어떤 언어를 배우려는 하는 목적은 그 언어가 제시하고 있는 지식을 얻기 위함이다. 그런데 우리는 언어 자체를 배우는 데 온 힘을 쏟고, 필요한 지식은 얻지 못하는, 황당한 어리석음의 함정에 빠져 있음을 깨닫지 못하고 반복하고 있는 것이다.

수학을 가르치고 배우는 과정을 살펴보면, 처음에는 번역/번안해서 그런대로 가르치고 배우게 된다. 차츰 진도가 올라가면 어려운 개념의 용어를 사용하게 된다. 이때부터 수학은 매우 어려워지게 된다. 대학에 가면 번역/번안으로 도저히 그 개념을 전달할 수가 없어서, 결국은 원서인 영어 텍스트를 동원하는데, 이때는 영어로 된 설명을 도저히 이해하지 못하여, 의도하는 학습내용을 온전히 이해하지 못하게 된다. 다시 말하면 학문다운 학문을 하지 못하고, 퀴즈 게임 정도의 겉치레 학습을 하고서 인류 최고의 학문을 가르치고 배운 것처럼, 시험을 치르고 학점을 주고받는 요식행위를 하고 마는 것이다. 이것이 어쩔 수 없는 현재 한국의 대학 수준의 본모습이다.

한국어, 일본어, 중국어로는 수학자(mathematician)가 탄생할 수 없다는 것이 노벨 화학상 수상자(Nobel laureate in chemistry)인 미국 대학에

재직하는 일본인 교수가 어느 인터뷰에서 한말로, 필자가 전적으로 동감하는 주장이다. 한국어, 일본어, 중국어로 번역되었을 때도 논리가 정연해질 수가 있을까? 논리의 전개와 서술을 위해서 동원된 미묘한 말들을 똑같은 개념으로 전환(transfer)할 수 있는 말이 있을까? 수학의 경우 개념이 같은 대칭성 있는 말은 국경을 접하고 있는 유럽처럼 유사한 역사 배경을 가진 나라에서는 존재할 가능성이 크지만, 역사적으로 서로 다른 동양의 나라에서는 그러하지 못할 수밖에 없다. 논리/개념의 차원이 높아질수록 이에 따른 유사성을 가진 낱말은 더욱 존재하기 힘들다. 출발선상에서는 작은 차이이지만 갈수록 동떨어진 생각으로 벌어지는 것이다. 결국은 논리의 차원이 커질수록 의미를 짐작하기 힘든 기술이 등장하다가 결국은 포기하고 멈추는 것이다.

- 이것이 한국에서 벌어지고 있는 수학의 교습 현장에서의 낭패를 가져오는 근본적 원인인 것이다. 대한민국의 한국어 수학인 'K-수학'은 엉터리가 될 수밖에 없는 태생적 모순을 안고 있는 학문인 것이다.

서양인의 심오한 철학(philosophy)에 의해 탄생한 Math/수학의 논리를 대치(replace)하기 위해, 한자를 조합한 신조어(newly-coined word)로 우리 나름의 동일한 개념의 말을 만들어 내어 우리의 학문으로 전환하여 가르치고자 하는 것이 오늘날의 K-수학 교육이다. 결과적으로 이러한 교육 행태는 실패하였다고 단정할 수밖에 없는 것이다. 그 이유는 학문의 전달 매체인 언어의 기능을 간과함으로써 비롯된 것으로, 이는 문명의 도입 과정에서 비롯된, 결과를 예측하기 힘든, 쉽게 알아챌 수가 없는, 국어 정책의 부정적 결말인 것으로, 갈수록 심각해지는 전 국가적인 결손(deficit)을 낳을 수밖에 없는 것이다.

- 이 말은 후진(under-developed) 문명의 언어를 사용하여 선진(advanced) 문명의 언어로 기술된 학문/기술을 온전하게 전환/전달할 수 없다는 너무나 당연한 결론인 것이다.
- 수학은 대학 입시를 위해 공부하는 단순한 교과목이 아니다. 이것은 오늘날의 첨단 문명을 떠받치는 기반적(fundamental) 학문이다.
- Math/수학을 제대로 소화하지 못한다면, 현재와 미래의 모든 도전은 '밑 빠진 독에 물 붓기' 같은 허망한 희망과 번지레한 말치레의 구호가 될 뿐이다.

우리가 이러한 현상을 방치하면 온전한 현대의 학문을 포기하는 것이고, 결국은 국가적인 낭패로 이어진다는 것을 자각(realize)하지 못하고 있는 것이다.

우리의 한글은 뛰어난 표음문자(phonogram)이지만, 이것을 문자로 사용하는 한국어는 서양 학문의 정수(essence)인 수학을 옮겨 담아 전달할 수 있는 언어 매체가 못 되는 것이다. 이 말은 오늘날 대한민국의 구성원인 우리의 능력이 한국어로 교육되는 수학의 논리를 가지고는 현재와 미래의 첨단기술(high-tech)을 감당할 수 없다는 말이다.

- 우리는 번역이라는 참으로 중요한 과정에 대해 심각하게 의문을 제기

하지 않고 있는 것이다. 그것이 국가적인 낭패를 가져오고 있는데 아무도 이의를 제기하지 않고 있는 것이다.

- 현실적으로 이것은 일반인이 깨닫기 힘든 아이러니(irony)를 가지고 있는 명제(thesis)이기 때문이다. 일단 Math와 K-수학 모두를 공부하고 연구해 보아야만 깨달을 수 있는 것이다.

아프리카 국가의 언어나 아시아 국가의 언어로 Algebra(대수), Geometry(기하), Statistics(통계), Calculus(미적분) 등의 수학 개념을 설명하고 가르칠 수 없을 것이라는 점에 모두 동의할 것이다. 그렇다면 조선 시대의 언어를 가지고 수학 개념을 설명하고 가르칠 수 있을까? 역시 안 될 것이라고 생각할 것이다. 그렇다면 현재의 한국어로는 가능할까? 조선 시대와 21세기 현재의 대한민국, 그 사이 우리의 언어는 얼마나 달라졌을까? 한국어로 된 텍스트를 가지고는 수학 학습 과정에 있어서 Arithmetic(산수)까지는 가능하여도 그 이상은 기술하기 힘든 것이다.

- 우리의 언어로써 한국어의 소통 능력은 사실상 그 정도인 것이다. 이것을 인정하면 수학, 과학 등의 학문의 전개 과정에서 생성되는 잠재된 많은 문제를 이해할 수 있을 것이다.
- 왜 우리의 학생들이 열심히 하여도 학문의 성취는 별볼일 없는지 그 이유를 이해하게 될 것이다.

한국어를 사용하여 전달되는 학문의 경계는 '우물 안 개구리'의 식견(vision)에 머무를 수밖에 없다. 이 말은 이러한 격화소양(unsatisfactory)

의 언어로는 선진 문명의 학문을 풀어 나갈 수 없다는 것이다.

- 한국어나 서툰 영어로는 선진의 학문에 근접할 수 없다. 그런데 이 정도의 교육으로 한국은 정지하고 마는 것이다.
- 이것은 곧 청년의 불행을 초래하는 행위와 직결되는 것이며, 한국 사회의 현실을 어둡게 하고 있는 현재 진행형의 부작위(non-performance)인 것이다.

어디로 향하다가 어디로 추락했는지도 모르는 인공위성 로켓, 명중률이 형편없는 미사일 무기, 제대로 동작하지 않는 첨단 장비 등등 수많은 형태의 첨단 공학에서의 낙담이 이러한 학문의 결말로 나타나는 것이다. 이것은 비리(corruption)로 인해 나타나는 현상(happening)이 아니다. 무지(ignorant)/무식(illiteracy)에서 비롯된 무능(incompetent)으로 인한 현상으로, 비리와는 비교도 할 수 없는 심각하고 한심스러운 국가적 현상인 것이다.

- 국가의 입장에서는 이것이 그 어떤 것보다 국가를 위태롭게 하는 심각한 현상이라는 것을 자각(realize)해야만 한다.
- 오늘날 대부분의 고급 기술의 바탕에는 수학의 개념/논리가 반드시 기본적으로 깔려 있다. 즉, 수학의 개념/논리가 없는 기술은 전형적으로 울산/창원의 공단 등에서 생산되는 기존의 재래식 제품(conventional products)이지, 실리콘밸리(Silicon Valley) 등을 거쳐 출현하는 첨단(high-tech)의 제품이 아닌 것이다.

Math/수학은 영어로 배워야 하는 것이 기본이며, 이렇게 함으로써 그 주변의 학문(사실상 모든 선진 학문)도 손쉽게 영어로 접근할 수 있다. 수학에서의 서술(narration)은 모든 학문/기술을 전개하는 데 기본/기초를 이루는 용어의 개념을 자연스럽게 정의(define)하므로, 이것에 익숙해야만 서양 학문 전반에 대한 접근/이해를 용이하게 가져갈 수 있다. 이러한 과정을 거쳐야 영어를 언어로서 이해하는 수준에 도달하게 되고, 이후로 닥치는 많은 영문 텍스트를 읽어 나갈 수 있는 능력이 생기는 것이고, 비로소 서양의 학문/기술을 본격적으로 배우고 익힐 수 있는 경지에 도달하는 것이다. 이 과정을 밟지 않고 닥치는 대로 헤쳐간다면, 열심히 하더라도, 잘해야 오륙십 대 늦은 나이에 도달하여 비로소 영어 텍스트를 읽고 이해할 수 있는 만시지탄(too late to do)의 능력을 갖게 될 것이다. 그것은 지름길이 아니고 한참을 돌아서 가는 길이기 때문이다.

우리는 수학을 영어 원문 그대로 배워야 한다. 수학의 개념을 영어의 세계로 정립할 수 있게 유도하여 학문을 완성시켜야 한다. 그리고 이러한 과정을 모든 서양의 학문/기술의 분야로 넓혀 가야 한다. 그 과정에서의 노력은 이전에 비해 클지 몰라도 그것으로부터 수확하는 열매는 확실한 것이다. '쓴 약이 몸에 좋다'라는 격언은 여기에서도 통한다. 우리의 허약한 체질을 강하게 바꾸어 놓을 것이며, 이 길만이 오늘날 혼돈의 늪에 빠진 우리의 청년들을 구하는 길이다.

- 수학은 영문의 텍스트(Math in English)로 배워야만 한다. 한글로 진행되는 K-수학은 엉터리 수학이다.

- 망설이지 말고 지금 당장 Math를 시작하여야 한다. 그리하면 영어, 수학을 마스터(master)할 수 있고, 비로소 공학(engineering), 과학(science), 경제(economy) 분야의 전문가(expert)가 될 수 있다.

3부

사실상 모든 학문은 영문으로 습득해야만 한다

서양 학문은 처음부터 영문 텍스트로 배워야 한다

영어를 손쉽게 배울 수 있고, 진짜 학문/기술을 터득할 수 있다

- 영어문명[EL]; English Literacy: 이 말은 영어로 쓰인 학문/기술의 텍스트를 읽을 수 있는 상태를 말한다.
- 영어문맹[EiL]; English illiteracy: 이 말은 영어로 쓰인 학문/기술의 텍스트를 읽을 수 없는 상태를 말한다.

- 한국어로 전환된 서양 학문의 학문/기술은 배우기만 힘들 뿐, 우물 안 멍텅구리 지식에 불과하다. 글로벌 세상에서 유통되는 지식이 될 수 없다. 한국어로 된 국지적 지식(localized knowledge)으로 현대문명을 구가하려 하는 것은 한국만의 자기도취(self-complacence) 환상에 불과한 어리석음이다.
- 우리의 말과 글인 한국어/한글로는 서양의 선진(advanced) 학문/기술을 수용(accommodate)할 수 없다. 흉내(imitation)만 낼 뿐이다.
- 동양 학문은 한문(Chinese text)으로 배운다. 마찬가지로 오늘날의 선진 문명인 서양의 학문/기술은 영문(English text)으로 배워야 그 뜻을

터득할 수 있다.

- 조선 시대에 한문을 읽듯이 대한민국/코리아는 영문을 읽어 내야 21세기 현재의 글로벌 시대를 살아갈 수 있다.
- 영어문맹[EiL]을 벗어나서 영어문명[EL]에 도달하여야, 비로소 글로벌 세상(global world)에서 존엄하게 생존할 수 있다.

우리의 언어(language)는 한국어(Korean)이고, 글자(letter)는 한글이다. 우리는 한국어/한글로 서양의 학문(study)/기술(technology)을 가르치고 배우는 교육(education)을 시행하고 답습(following)하는 것이다. 의도하지는 않았지만 실상 우리 사회의 문제는 여기에서부터 발아(evolve)되고 있는 것이다. 국민의 학력(academic background)은 높지만 능력(capability)은 별로(not good)인 것이다. 그 결과 오늘날의 글로벌 세상(global world)에서는 무능력(incompetent)할 뿐이다.

한국어/한글로는 서양 학문을 완성시킬 수 없고, 따라서 이러한 학문에 대한 논문(paper)을 완성시킬 수 없는 것이다. 한국어로 선진의 서양 학문을 하면 논리성(logic)이 사라진 억지(forced)의 주장(assertion)이 되는 것이다. 현대(contemporary)의 이론(theory)을 기술(describe)할 수 없는 것이다.

그런데 우리는 한글로 최고의 학문(studies)을 하고, 논문(thesis paper)을 만들고, 박사학위(doctorate)를 수여하고, 고급 기술(high technology)을 실현하였다고 과시하는 것이다. 우물 안 개구리 식의 자화자찬(singing our own praise)인 것이다.

최고의 학문/기술에서의 논리성 상실은, 이 조그만 나라에서는 어느 누구도 눈치 채기 어려운 잠재된 위험요소(potential risk factors)를 내포하는 것이다. 외국인(foreigner)/외부인(outsider)에게는 그들만의 언어로 작성된 학문/기술을 시비(criticize)할 수도 없고, 시비를 할 필요도 없는 것이다. 우리만의 리그(league)에서 감시자(observer)/심판관(examiner)이 없는 것이다. 단지 갑(owner)의 주장(insistence)만이 지배하는 것이다. 변방(periphery)에 위치한 이 작은 나라에서 우리만의 고유(unique)한 언어인 한국어(Korean language)로 인류 최고의 문명을 구가(enjoy)하려 하는 것은 여기에 잠재(latent)된 위험(risk)을 알아채지 못할 수도 있는 가능성(probability)을 높게 가져가는 위험(dangerous)한 행위(performance)인 것이다.

- 이러한 행위의 과정에서 많은 사고(accident)와 혼란(disorder)이 이 사회에 지속되고 있는 것이다.
- 방향(direction)이 잘못되었을 때 이를 바로잡아 줄 수 있는 객관적(objective) 눈을 가진 제3자(third party)를 기대할 수 없는 것이다.
- 우리만의 언어인 한국어로 서양의 학문/기술을 실현시킬 때 그 속에 잉태(conceived)되는 가시(flaw)가 있는 것을 우리는 스스로 알아채지(realize) 못하는 것이다.

수학(mathematics)/물리(physics)/화학(chemistry)/경제(economics)/공학(engineering)/컴퓨터(computer) 등등, 따져 보면 국문학/한국사/동양고전 등을 제외한 모든 학문/기술이 서양에서 전래된 것이다. 사실상 오늘날 우리가 필수적으로 받아들이고 배워야 하는 학문/기술은 모두 서양의 선진 문명(advanced civilization)인 것이다.

우리의 역사는 중국에서 유래된 사서삼경(basic Confucian texts) 같은 학문을 배울 때, 한자(Chinese characters)를 익혀서 한문(Chinese text)을 바로 해독(reading)하고, 거기에서 배운 학식(discipline)으로 정사(state affairs)를 다루고 이를 기술(writing)하는 데 사용하였다.

즉, 한문/한자를 우리의 말(speech)과 글(writing)로 사용하였다. 다시 말해 엄연한 우리의 언어(language)였다고 할 수 있다. 우리는 불과 100년 전까지도 한자를 문자로 하는 한문을 사용하여 모든 문서를 기술(documentation)하였다. 하지만 우리 민족의 역사에서 한국어의 글자인 한글을 사용하여 본격적으로 기록/기술을 시작한 역사는 80년도 채 되지 않는다. 인류 역사를 따져 보면 한글은 그야말로 일천(infancy)한 기록의 역사를 가진 문자이고, 대부분 한자의 한반도(Korean peninsula)식 발음으로 이루어진 한자어(Sino-Korean word)인 것이다. 따라서 한국어는 인류 최고 문명의 언어인 영어를 번역(translation)/번안(adaptation)으로 추종(follow)할 수 있는, 즉 영어를 대체할 수 있는 문명의 소통 매체(communication media)가 도저히 될 수 없는 변방의 조그만 언어에 불과하다는 사실인 것이다.

- 이러한 사실(fact)을 한국인들은 깨닫지 못하고 살고 있는 것이다. 그것은 영어라는 언어의 세계를 쉽게 짐작할 수 없기 때문에, 이러한 사실을 비교하고 판단할 수 없기 때문이다. 우물 안 개구리는 우물 안에 갇혀 있다는 사실을 스스로는 알 수 없기 때문이다.
- 필자가 이 사실을 깨닫기까지는 무려 50년이 넘는 개인적인 인생의

시간과 굴곡진 한국 역사의 시간이 필요하였다. 한국에서는 결코 평범하다고 할 수 없는 특이한 학력과 산업체 경력의 이력(personal history)이 바탕이 되었다. 선진 문명의 기록인 영문(texts written in English)의 매뉴얼(manual)과 스펙(specification)을 이해(comprehension)하고 실행하는 업무를 수행한 결과이기도 하다.

- 그 긴 세월의 와중에 너무나 어처구니없는 많은 참사(tragedy)를 지켜보아야만 하였고, 오늘날의 대한민국 청년의 무기력(lethargy)/좌절(frustration)을 마주하게 되었다. '세월호 참사'를 마주하고서는 결국 그 원인에 대하여 심각하게 고심하지 않을 수 없었다.
- 왜 이렇게 되었는가? 무엇이 잘못되었는가?에 대한 스스로의 자문자답(self Q&A)이 이 글을 쓰게 된 동기(motive)인 것이다.

우리는 인구 5천만의 약소한 단일 민족의 국가이다. 우리의 언어인 한국어는 남북한을 합쳐 봐도 7천만의 소수민족이 사용하는 언어에 불과하다. 그것은 사용하는 인구/지역/환경에 준해서 함유/생성되는 언어의 정신/철학 세계가 그 정도에 머무를 수밖에 없다는 지극히 객관적인 현실이다.

우리 민족이 오랜 역사와 찬란한 문화를 가졌다고 자랑하지만, 그것이 우리의 자아도취(self-indulgent)적인 주장인가 아닌가의 여부와 상관없이 우리의 삶(life)을 무사(safe)하고 행복(happy)하게 하여 주는 것은 아니다. 즉, 현재를 살아가는 데 필요한 민족 생존(survival)의 바탕(basis)을 제공하는 것이 아니다. 그것은 치욕적(disgraceful)인 시간을 견뎌 온 이 땅의 역사가 말해 주고 있다.

- 민족이 번듯하게 생존하기 위해서는 항상 최고의 문명을 구가하려는 노력을 기울여야 한다.
- 문명의 매체는 말과 글인 언어이다. 그리고 지금 인류 최고 문명의 언어 매체(linguistic media)는 영어(English)이다.

약소국가(small nation)에서는 최고의 문명을 갖고 있을 리가 없기에 당연히 수입하여야 한다. 문명의 수입은 문물(civilization products)의 수입이다. 문물의 수입은 결국 언어를 통해 이루어지게 된다. 문명을 제대로 수입하려면, 결국은 그 문명의 언어로 받아들여야 온전히 수입되었다고 할 수 있다. 고려/조선 시대에 한문(Chinese literacy)을 사용하였듯이 서양의 문명은 영문(English literacy)을 사용해야 되는 것이다. 여기에는 이의(dissent)가 있을 수가 없다. 이러한 시도는 뛰어난 문명을 수입하여 혜택(benefits)을 받으려는 나라에서 치러야 할 당연한 대가(cost)인 것이다.

- 그렇지 않으면, '세월호'와 같은 대형 여객선이라는 문명의 문물을 도입하면서, 그 문명의 언어로 기록된 규제사항(regulatory)을 제대로 실행에 옮기지 않는 것과 같은 위험한 상황을 초래하게 되는 것이다. 따라서 이것은 국가 생존의 문제가 되는 것이다.

몇십 년의 경력을 자랑하며, 현장감이 뛰어난 우리의 엔지니어들이 외국에 나가서 영어 소통이 안 되어 업무를 수행하지 못해, 몇 달 만에 퇴출(kicked out)되어 돌아오는 것이다. 영어로 된 영문 텍스트(English text)를 읽지 못하여, 부지런하고 배우고자 하는 의욕(ambitious)으로 가득 찬 우리의 기술자들이 단지 영문으로 쓰인 기술사양서(technical specification)을 이해하지 못해서, 반쪽짜리 머슴살이 기술자(slavery engineer)로 전락하는 것이다.

- 그 많은 해외의 고급 일자리가 우리의 젊은이들에게는 접근 불가(in-accessible)하다는 말이다. 현재의 청년 백수 사태의 근본 원인(root cause)이기도 하다.
- 따라서 영어가 잘 통하지 않는다는 것은 우리 같은 나라의 입장에서는 결코 가볍게 다룰 사안이 아닌 것이다. 국가적으로 해결(resolve)하여야 할 중차대(significant)한 사안(issue)인 것이다.

한국어는 영어에 비하면 작은(minor) 언어에 불과하다. 이 언어를 가지고 지구상 최고의 문명을 일으킨 영어를 일대일로 상대할 수 없다. 우리의 미래(future)와 번영(prosperity)을 보장할 수 없다. 번역을 하면 된다고 하는 생각은 버려야 한다. 그것은 한마디로 착각(delusion)이고 망념(false idea)이다. 한국어로 펼쳐질 수밖에 없는 우리의 학문/기술 세계는 안타깝지만 영어로 펼쳐지는 그들의 학문/기술 세계를 도저히 따라갈 수 없다. 우리의 한글로 된 지식으로는 그들의 창조성(creativity)을 도저히 흉내(imitate) 내지도 좇아(follow up)가지도 못한다.

4부 '오늘날 한국어로 된 학문/기술은 먹통의 우물 안 지식에 불과하다' 편에서 다뤘듯이 번역의 폐해(inherent vice)는 매우 심각(serious)하다. 비슷한 문화/문명끼리의 번역은 별다른 문제를 낳지 않을 것이다. 예를 들어 프랑스와 독일/스페인, 한국과 일본/중국 등의 경우는 서로 커다란 문제가 없을 것이다. 그러나 차이가 나는 문화/문명끼리는 억지 맞춤의 폐해가 나타나는 것이다. 그것이 영어와 한국어의 경우이다. 당연히 일본어/중국어의 경우도 영어를 감당하기에는 만만치 않을 것이다. 그러나 그들은 우리의 처지하고는 다른, 독보적(one of a kind)인 문명/문화로 세계를 선도하는 강대국(superpower)이다.

- 그 폐해는 예상할 수 없는(unpredictable) 것이기에 두렵고(afraid) 무서운(scary) 것이다.
- '세월호 침몰'은 그 폐해가 나타난 정점(peak)의 한 가지 전형(model)인 것이다.
- 그 폐해를 무시하고 이대로 가는 것은 현재와 미래의 위험을 방관(remain idle)하고 포기(abandon)하는 끔찍한 무사안일의 처사(easy-going attitude)이다.

우리와 서양의 문화/문명의 차이는 호랑이와 고양이로 비교되는 만큼의 정도 차이를 가지고 있는 것이다. 인터넷이 본격화된 ICT(정보통신) 세상에서 영어는 글로벌(global)한 언어, 즉 세계가 사용하고, 시간이 갈수록 세계를 지배(dominate)할 소통의 언어이다. 이러한 언어가 특정인(certain individual)의 전유물(preserve)이 될 수도 없고 되어서도 안 된다. 이것을 누군가의 번역에 의존하면 안 되는 것이다. 한마디로 위험한 발상(dangerous conceptualization)인 것이다. 어느 누가 최초로 번역을 해 놓으면 모두가 따라서 하고, 이후로는 어쩌지도 못하고 계속 사용하게 되는 우매(ignorant)한 행태(behavior)를 한국은 방치(neglecting)하고 있는 것이다.

- 이것은 현재는 물론 미래도 망가뜨리는 시나리오(scenario)이다. 리더(leader)가 길을 한 번 잘못 잡으면 뒤따르는 군중(crowd)은 모두 나락(pit of hell)으로 빠지는 것이다.
- 번역에 의존하는 한국은 위험한 집단 최면(collective hypnosis)에 걸려 있는 것이다.
- 구성원인 개인과 집합체인 국가가 스스로의 처지를 알아채지 못하는 심각한 곤경(predicament)에 처한 것이다.

우리가 한글을 열심히 사용해서 세계화(globalization)를 이룰 수 있다고 생각한다면 그 자체로 모순(contradiction)이고 환상(fantasy)이다. 점점 더 우물 안 개구리 신세가 되어 가고 있는 것을 우리 스스로가 자각하지 못할 뿐이다. 한글을 자랑하고 사랑한다고 해서 영어를 배척(exclude)하여서는 안 된다. 한문을 쓰듯 영어를 적극적으로 우리말로 수용하여야 한다. 어쭙잖은 한자어를 동원한 번역어(translated words)를 등장시켜 신개념(new concept)을 왜곡(distort)시키는 행위를 하여서는 안 된다. 한글은 세계에 자랑할 만한 우수한 표음문자(phonogram)이지만, 그 점이 대한민국에게 현실을 헤쳐 나갈 지식과 지혜를 가져다주는 것은 아니다. 지나친 자랑은 오히려 그것을 갈고닦아야 한다는 강박관념(obsession)을 심어 주어 세계로 도약하여야 할 한국 청년의 발목을 잡고 있는 것이다.

- 중요한 것은 언어로서의 소통 기능이며, 이 점에 있어 한국어는 영어

를 상대할 수 있는 언어가 아닌 것이다.

- 한글은 세계에서 가장 우수한 표음문자이지만, 이를 문자로 쓰는 한국어는 배우기 까다롭고 기술하기 힘든 작은 세계의 언어일 뿐이다.

지금 우리의 문자 기록 체계인 한국어 문법(Korean grammar)은 상당히 어렵고 난해한 경지이다. 까다로운 맞춤법/띄어쓰기에 글쓰기가 부담이 될 정도다. 아마도 이 세상에서 사용하기 어려운 글 중의 하나가 한국어인 것이다.

지금 우리가 만들어 낸 기술 분야의 전문적인 텍스트의 내용은 기술이 순차적이고 논리적이지 못하고, 사용되는 용어는 투박하고 난해한 것이 많아 전체적으로 짜임새가 떨어진다. 이에 따라서 전달하고자 하는 메시지는 상대적으로 빈약하고 지식의 깊이가 크지 못하다. 읽고서 바로 알아나가는 것보다는, 다른 경로를 통해 알고 나서야, 기록된 내용이 무슨 의미인지를 비로소 이해하게 되는, 평소에 접하기 힘든 용어를 동원하여 기술되어 있는 것이다. 사용된 용어 그 자체가 마치 무슨 암호(code)와 같아서, 독자(reader)의 이해를 막는 장애(hindrance)인 것이다. 이것은 모두 누군가가 번역을 통해 만든 용어와 번역 문체(translated stylistic)의 기술 내용(description)으로 인해 나타난 현상으로, 이러한 억지스러운 짜 맞추기 글을 가지고서는 도저히 현대의 선진 문명의 기술(technology)을 추종할 수가 없는 것이다.

- 개발도상국의 언어로 선진 문명을 받아들이려 하는 어불성설의 행위(nonsense performance)를 행하고 있는 것이다.

- 이러한 비논리적(illogical)이고 투박(clumsy)한 용어로 기술된 텍스트로 선진의 학문/기술이 실현되기를 기대한다는 것은 쓰레기통에서 장미가 피기를 기다리는 것과 같이 기대난망(impossible)한 일인 것이다.

우리의 언어 한국어는 탐구적(scientific)이어야 할 학문을 기술하는 매체로서, 선진 문명의 언어인 영어에 감히 균형을 맞출 수가 없는 작은 언어이다. 우리의 언어에 녹아 있는 사상(thinking)은 감성적(sentimental)/추상적(abstraction)인 정서적(emotional)인 면에 치우쳐 있지, 논리적(logical)인 면에는 있지 않다. 이것은 논리적이지 못하고 감성적이기만 한 우리의 문화와 같은 맥락(context)을 하고 있다.

역사적으로 산업적인 개화기(industrial enlightenment)를 거쳐 현재에 이르기까지 우리의 이공계(science and engineering fields)의 언어(term)는, 일본에서 서양 기술을 번역/번안해서 사용하는 것을 도입한 것이 대부분이고, 일부는 원자력분야의 경우처럼 영어에 대비되는 용어를 자체적으로 만들어 낸 것도 있다. 어느 경우이든지 대부분이 한자를 이용하여 원어에 대응하는 말을 만들어 냈고, 잘 수용이 안되는 몇몇의 용어는 영어의 발음을 그대로 우리식의 표현 방식으로 만들어 냈다. 이 과정에서 우리는 쉽게 이해하기 힘든 말/용어를 별다른 고민 없이 대량으로 양산해냈다. 이러한 용어들이 미국 등의 전문서적을 번역/번안한 대학의 전공(major) 교재(text)를 만들어 냈다. 이러한 용어가 한국의 학문/기술을 묘사(describe)하는 언어인 것이다.

영어를 인지할 수 있는 사람이라면 바로 알아들을 수 있는 쉬운 말을,

우리는 수십 배 정도의 노력을 기울여야 알아들을 수 있는 것이다. 그리고 결국에는 이러한 말/용어들을 다시 영어로 돌려놔야 하는 쉽지 않은 과정을 밟아야 하는 수고를 감당해야 하는 것이다. 이러한 방식을 답습한다면 우리는 서양의 선진기술을 추종하는 것은 고사하고, 점차 꼬리도 잡기 힘들어질 것이다. 산업혁명 시대 이후부터 근대까지의 상황에서는 그나마 그 격차가 작았다고 볼 수 있지만, 현재는 현격한 차이를 보이고 있고 앞으로 갈수록 벌어질 것이다. 점점 더 먹통이 되어가는 것이다.

선진 학문의 논리가 갈수록 깊어지고, 기술이 진보될수록, 우리는 거기에 대응하는 새로운 용어를 한자를 조합하여 열심히 만들어 내고, '이 말이 저 말이다' 하고 주장하겠지만, 그것은 결과적으로 진위 여부(whether it is true or false)를 떠나서 남이 상관할 필요가 없는 우리만의 일방적인 이야기가 될 뿐이다. 우리나라는 특성상 한 번 만들어 놓으면 그것을 나중에 수정하는 것이 쉽지 않은 사회구조(social fabric)를 가지고 있다.

- 우리는 한반도의 지정학적 역사(geopolitical history)로 인해 벌어진 문명의 와류(turbulent)에 의해 생성된 언어적 굴레(linguistic bridle)에 갇혀 있는 것이다.

영어는 세계 공통어(universal language)이고, 대한민국의 대외(international) 경제를 유지하고, 결국은 우리의 생존을 쥐고 있는 언어이다. 우리가 우리 고유의 말과 글이 있다고 영어를 안 한다면 어느 나라가 아쉬워하겠는가! 제멋에 겨워서 사는 걸 누가 탓하랴! 속으로만 한심하게 생각할 뿐일 것이다.

- 영어를 못하면서 세계 경쟁 대열에 합류하여 뛰고 있다면, 마치 짚신(straw shoes)을 신고 달리기(running)를 하고 있는 선수와 같은 모양새인 것이다.
- 공부를 할 만큼 했는데도 영어를 못하는 원인을 생각해 보았는가? 영어를 배우는 방법이 잘못되었다고 생각해 본 적이 없는가?

소위 '영어를 한다'라는 것은 이 세상을 살아 나가야/헤쳐 나가야 할 귀중한 지식/정보를 받아들일 수 있는 안테나(antenna)를 세우는 생존의 능력(ability to survive)을 갖추는 것이다. 이 능력이 작동 안 되면 나는 미래(future)와 교신(communicate)이 안 되는 먹통(dummy)의 개체(entity)가 되는 셈이다. 무능력(incompetent)해지는 것이다.

한국의 청년은 영어를 가장 극심(profoundly)하게 공부하고도 영어를 못한다. 이것은 소위 '영어를 할 줄 안다'라는 명제(proposition)를 잘못 생각하고 있는 것이다. 과거에는 어떠하였는지 몰라도, 지금은 '영어를 할 수 있다'라는 것은, 영어를 통해 '전문적인 지식을 얻을 수 있고, 그 전문적인 지식을 활용할 수 있다'는 것이 돼야 한다. 물론 한국어의 경우와 마찬가지로 광범위한 이 세상의 지식을 모두 포함할 수는 없다. 개인이 이 세상에서 생존하기 위한, 삶을 영위하기 위한 분야에 대한 소통이 영어를 통해 되어야 한다는 말이다. 여기에서 중요한 것은 '전문적인 지식을 얻을 수 있다'라는 명제인데, '전문적인 지식'을 얻기 위해서는 일단 '상식적인 지식'을 갖춰야 한다는 것이다. 물론 영어로 된 상식적인 지식을 말하는 것이다. 한국어/한글로 된 상식적인 지식은 영어로 된 지식을 얻는 데 아무 소용이 안 되는 먹통의 지식이라는 것이 우리가 스스로 파 놓은 함정

(trap)인 것이다.

지금 한국에서 하고 있는 영어 공부를 백날 해 봐야 영어문명[EL]에 도달할 수 있게 되는 것이 아니다. 영어 발음을 잘 못한다고? 제대로 된 말을 못 하는 것이 문제이지, 영어 발음이 크게 문제되는 것이 아니다. 일단 말을 하면 발음의 문제는 어렵지 않게 극복할 수 있는 것이다. 이것은 발음하는 요령에 불과한 문제이다. 문제는 머릿속에 들어 있는 영어로 된 지식이 없는 게 문제이다.

- 영어로 된 관련 지식의 존재 여부 문제이다. 속된 말로 '유식하냐 무식하냐'라는 문제이다.
- '나는 영어를 못한다'라고 생각하기 전에, '나는 영어로 된 지식이 없다'라고 생각하여야 한다. 영어로 된 지식이 없으니까 영어로 된 텍스트(text)를 이해할 수 없고, 말을 할 수가 없는 것이다.
- 한국어로 된 지식은 그야말로 먹통의 지식인 것이다. 어이없게도 소통의 지식이 못 되는 것이다.

영어로 대화를 하려는 목적이 있고, 그 목적에 따른 영어로 된 기본의 상식적인 지식을 가지고 있어야 되는 것이다. 이러한 바탕이 없이 바로 영어로 된 지식을 흡수하고, 그에 따른 대화를 나눌 수는 없는 것이다. '무슨 말을 하는지 알아들을 수가 없다'라는 구덩이에 곧바로 빠질 수밖에 없는 것이다. '햄버거 하나 사 먹으려고', '쇼핑 한번 하려고', '비행기 한번 타려고' 영어 공부를 그렇게 열심히 할 필요는 없지 않은가? 이러한 용도는 잠깐 하면 해결되는 일이다. '돈을 쓰려고 하는 영어'는 열심히 안 해도 상대방이 돈을 가져갈 준비를 하고 있다. 애써서 해야 되는 영어는 '돈을 버는 영어'이다. 즉, 생존에 필요한 전문적인 지식(expertise)을 습득할 수 있는 영어이다.

영어로 대화를 하겠다고 영어회화 공부를 백날 해도 이 문제는 해결이 안 된다. 책에 있는 내용대로 대화해 줄 상대방은 학교/학원 선생일 뿐이고, 그것도 대부분 일회성으로 짧게 끝나는 경우이다.

영어로 대화를 하려면 영어로 된 텍스트를 가지고 수학(mathematics)/과학(science)/경제(economics)/기술(technology) 등등 관심 분야의 지식을 기초부터 쌓아 나가야 하는 것이다. 그래야 대화(talk)의 주제(subject)가 성립(establish)되고 수준 높은 대화를 할 수 있는 내공(competence)이 생기는 것이다. 이것이 바로 고속도로(highway)를 달리는 학습이고, 꼭 필요한 참된 지식(authentic knowledge)을 터득하는, 희열(pleasure)을 가져오는 진정한 공부(real study)의 길이다.

- 좁은 골목길을 미로(maze)처럼 요리조리 옮겨 다니는 끝도 없는 영어 공부를 하지 말아라. 영어의 넓은 세계를 무작정 이리저리 헤집고 다니지 말아라. 재미없고(uninspired) 능률(efficient)적이지 못한 비효율(inefficiency)의 극치(height)이다. 쓸 데도 없는 영어를 마냥 배우기만 하다가 지쳐 포기하게 되는 것이다.
- 한 우물을 파라. 결국은 한 뿌리(root)에서 파생된 것처럼 수렴(convergent)하게 되며, 또한 무수(innumerable)히 뻗어 나갈 것이다. 지적인 만족감(intellectual satisfaction)을 지속적(continuously)으로 얻

게 될 것이다.

영어 자체를 배우기 위한 영어 시간이 특별히 필요한 것이 아니다. 학습 자체가 지식을 배우는 것이요, 동시에 영어를 배우는 일석이조(hit two birds with one stone) 이상의 공부를 저절로 하게 되는 것이다. 이렇게 배운 지식이 살아 있는 지식이요, 이렇게 배운 영어가 제대로 된 말과 글로서, 비로소 나의 진정한 언어가 될 수 있는 것이다. 영어 단어(word) 하나하나의 의미(meaning)를 제대로 살려서 알 수 있는 방법이고, 이렇게 터득하는 것이 단어 하나하나를 적재적소(timely and/or coherent)에 유용하게 사용할 수 있는 중심축(pivot)이 되는 것이다.

이 순간 이후로 영어 텍스트(English text)만을 보기 바란다. 교사의 멘토링(mentoring)을 기대하여서는 안 된다. 이 점에 있어서 교사들은 여러분을 이끌 능력을 유감스럽게도 갖추지 못하였다고 보면 된다. 그것을 갖출 기회가 그들에게도 주어지지 않았다. 교사들은 전환의 시대(era of diversion) 끝에 서 있고, 이 글을 읽는 독자(reader)는 스스로의 앞길을 밝혀야 하는 선구자(frontier)적인 절박감(need to innovate)에 내몰렸다고 볼 수 있다. 정보통신 혁명에 힘입어(thanks to ICT revolution), 이 시대는 우리에게 적절한 방법과 기회를 제공하고 있는 것이다. 인터넷(internet)이 교사가 되어 우리는 이 세상에 존재하는 정보/지식을 손쉽게 알 수 있게 된 것이다. 자신의 지적 욕구(intellectual appetite)를 충족할 수 있는 텍스트를 손쉽게 구매해서 볼 수 있는 등, 개인의 의지와 노력만 있으면 최고의 지식 세계를 탐할 수 있는 여건이 인터넷에 마련되어 있는 것이다. 지식을 얻으려면 굳이 학교를 다녀야만 하는 필요성(need)이 사라진 것이다.

- 오로지 한글로만 이루어진 텍스트만을 읽을 수 있다면, 스스로를 우물 안에서만 살아가야 할 개구리의 처지로 전락되게(degraded) 하는 것이다.
- 영어에 의해 자신에게 생성된 장벽을 스스로 없애려 노력한다면, 그 과정(process)에서 한국어에 갇힌 좁은 우물 안 세계를 벗어나는 감격(sensation)을 맞게 될 것이다.

한글로 된 책들은 읽을 것이 별로 없을 것이다. 읽어도 무슨 뜻인지 모르는 책들이 너무 많을 것이다. 서술이 논리적이지 못하고, 따라서 흥미를 유발하지도 못한다. 그것이 독자의 우둔함에서 비롯된 것이 아닌 것이다. 한국인이 책을 안 읽는다고 탄식을 하기 전에 읽을 만한 한국어/한글로 된 책이 없다는 사실에 주목해야 한다.

- 언어가 인간의 정신세계를 지배하는 것이다. 왜냐하면 인간은 누구나 자신의 언어로 사고(thinking)할 수밖에 없기 때문이다. 따라서 작은 언어로는 큰 철학을 펼칠 수 없는 것이다. 그러므로 한반도 역사에는 큰 사상가(great philosopher)가 나올 수 없는 것이다. 그것은 한국어라는 언어의 세계가 상대적으로 작기 때문이다.
- 이것이 영어문명[EL]을 반드시 성취해야만 된다는 당위성(necessity)이다. 좁은 한반도(Korean peninsula)안에 갇혀 있는 먹통(dummy)의 지식이 아니라, 이 세계를 아우르는 무궁(tremendous)한 살아 숨쉬는

지식을 흡수(absorb)하여야 하는 것이다.

젊은이의 대학 생활은 별로 어렵지 않게, 별로 아는 것도 없이 싱겁게 끝이 난다. 시험 몇 번 치르고 보고서(report)/논문(paper) 짜깁기로 적당히 때우고, 별다른 지식도 없이 젊은이는 사회로 향한다. 이러한 현상은 젊은이가 게을러서 생기는 현상이 아니다. 이것은 한글로 된 텍스트는 읽을 만한 것이 별로 없기 때문에 생기는 현상이다. 보고서/논문을 작성하기 위한 참고(reference)할 리소스(resource)가 절대적으로 빈약(poor)하기 때문이다.

- 이것은 영어를 못하는 대한민국이라는 신생 국가(new country)의 입장에서 보면 너무나 당연한 현상이라고 할 수 있다. 그러나 절대적으로 기피하여야만 될 현상인 것이다.

지식이 빈약한 젊은이를 환영하는 직업은 별로 마음에 들지 않는 것이고, 빈약한 지식으로 창업(start-up)을 할 아이템(item)도 대수롭지 않은 것이 될 확률(probability)이 높을 것이다. 가고 싶어 하는 직장은 능력을 탓하며 문을 열어 주지 않을 것이다. 이러한 현상은 충분한 지식을 갖추지 못한 데서 기인한 것이다. 한글 텍스트에는 흡수할 지식이 별로 없었던 것이다. 영문 텍스트는 읽을 수 없는 영어문맹[EiL]인 것이다. 사전(dictionary)을 끼고 살아도 도대체 무슨 말인지 이해할 수 없는 것이다. 숱한 세월을 영어에 시달렸는데도 여전히 영어문맹[EiL]인 것이다.

- 이것은 국가 교육 정책(national education policy)의 잘못으로 인하여, 사회로 진출한 청년이 겪고 있는 무력감으로, 지금 한국에서 벌어지고 있는 경제침체와 어지러운 사회현상의 근본 원인인 것이다.
- 청년은 자기의 영어 실력이 부족함을 스스로의 탓이라고 생각하는데, 사실상 이것은 이러한 사실을 깨닫지 못하고 방치하고 있는 국가의 교육 방식 잘못으로 인한 결과인 것이다.
- 영어문맹[EiL]에서 벗어나 영어문명[EL]을 달성케 하는 교육혁명(education revolution)만이 한국의 젊은이들에게 활력을 부여하고, 나라를 살릴 것이다.

나이/학력/영어 능력에 상관없이 수학/과학 등의 서양 학문을 영문 텍스트로 처음부터 배워 나가면서 영어문맹[EiL]을 탈피하고, 영어문명[EL]을 갖추어야 한다. 영문으로 된 텍스트를 읽으면 지식을 얻는 기쁨을 알게 되고, 더 큰 지식을 갈구하는 열정(passion)을 자연스레 갖게 될 것이다. 대화(dialogue)도 가능해지고, BBC/CNN의 국제적 미디어(international media)도 이용하게 될 것이다.

- 어떠한 고정관념(stereotype)에도 구애(interrupted)받지 말고 시작해야 한다.
- 아마존(amazon.com) 등에서 적당한 텍스트를 구할 수 있고, 스스로 부딪히며 돌파할 수 있다.
- 누적 금액 50만 원 정도의 텍스트를 읽으면, 누구나 영어문명[EL]에 도달할 수 있을 것이다.

- 세계 문명을 바라볼 수 있는 지구인(globalized human being)의 시각(view)을 갖게 되어 삶의 가치(value of life)를 승화(sublimate)하게 될 것이다.

영어문명[EL]에 의한 지식의 도야(build knowledge in English literacy). 이것이 이 글이 전달하고자 하는 메시지(message)로, 한국인이 미래를 살아갈 에너지를 갖게 할 원천(foundation)인 것이다.

영어문맹 탈출하기

초등 과정에서 전문 과정까지 50만 원어치의 텍스트 읽기

- 영어문명[EL]; English Literacy: 이 말은 영어로 쓰인 학문/기술의 텍스트를 읽을 수 있는 상태를 말한다.
- 영어문맹[EiL]; English illiteracy: 이 말은 영어로 쓰인 학문/기술의 텍스트를 읽을 수 없는 상태를 말한다.

누구나 초등 과정에서부터 시작하여 대학(전문) 과정에 해당하는 50만 원어치 상당의 텍스트를 읽으면 영어문명[EL]에 도달할 수 있음을 보장하는 바이다. 오로지 이 방법만이 한국인이 진짜 지식을 섭취하는 공부를 하면서, 동시에 영어문맹[EiL]을 벗어날 수 있는 유일한 방법이다.

- *현재 한국에서 이뤄지고 있는 온갖 학습 방법은, 마치 음식의 간을 보는 듯한, 돌팔이 약장사가 만병통치약을 파는 것과 같은, 소경(blind man)이 코끼리 만지고 말하듯, 엄청난 시간과 노력을 투자하지만 이런저런 영어 맛보기에 그치고 마는 별 소득 없는 노력(efforts in vain)*

이다. 영어로 된 지식의 축적 없이는 절대 영어문명[EL]에 도달할 수 없다. 기초적인 기본 지식에서의 언어의 유희(usage)를 이해하고 이를 축적(cumulated)하여야만, 이를 바탕으로 진전(advanced)된 지식의 언어를 이해하고 활용할 수 있는 것이다. 이 과정을 통해야만 영어라는 언어와 영어로 기술되는 지식을 터득하는, 그야말로 필수적(vital and essential)인 공부를 하게 되고, 어느 순간 영어문맹[EiL]의 굴레에서 벗어난 자신을 발견하게 될 것이다.

- *이후로는 가능한 모든 지식을 영문 텍스트를 통해 터득하며, 특히 직업적(vocational)인 분야(field)에서 프로페서널(professional) 경지에 도달하여, 전문가적인 식견, 즉 전문성(expertise)을 갖추게 될 것이다.*

우리는 왜 영어를 하여야 하는가? 너무나 뻔한 질문이라 할 것이다. 예상되는 대답은 무엇인가?

- 너무나 당연한 말이 되겠지만, 글로벌(global) 환경에서 제대로 생존하기 위한 지식은 영어로 쓰여진 텍스트, 즉 영문 텍스트를 통해서만 얻을 수 있다. 생존을 위해서는 영문 텍스트를 이해할 수 있어야 한다.

개인이 자기의 뜻을 펼치면서 번듯하게 지금의 세상에서 생존하기 위해서는 영어문명[EL]을 갖추어야 한다. 이 시대를 살고 있는 대다수의 사람은 싫든 좋든 어쩔 수 없이 영어와 접하면서 살고 있다.

독자(reader)는 스스로에게 다음과 같은 질문을 하여 보기 바란다.

- 나는 영어를 잘하는가? 나에게 영어를 한다는 것은 무엇을 의미하나? 왜, 무엇 때문에 영어를 해야 하나? 어느 정도까지 해야 하나?
- 이 세상에서 영어를 잘한다는 것은 어느 정도를 말하는 것인가?
- 그저 영어를 배운다는 것은 의미 없는 행위가 아닐까?
- 서양 학문을 배울 때, 한글로 된 전문서적(specialty publication)이 있다고 생각하는가? 누군가가 일방적(unilaterally)으로 번역(translate)한 인쇄물(prints)이 아닐까?
- 한글로 된 전문서적이 있다 해도 충분하지 않고, 그나마 난해(difficult to understand)하지 않은가?
- 한국어로 모든 영어를 옮길 수/번역할 수 있는가?
- 영어 텍스트(text)를 읽어 본 적이 있는가?
- 서양 학문을 배울 때, 영어 텍스트로 배워야 하지 않을까?
- 영어로 기술된 책(텍스트)을 읽고 이해하지 못하는가?
- 영어 텍스트를 마음껏 읽고 싶지 않은가. 마치 영미인(English and the American)처럼 읽을 수 있다면, 나의 일상(daily life)과 인생(my own life)이 달라지지 않겠나?
- 영어 텍스트에 내가 필요한 지식(knowledge)/정보(information)가 있다면 직접 찾아서 읽어야 하지 않을까? 누군가가 번역해 주기를 바라고 있는가? 모든 번역은 가능한 것일까? 그 누군가는 존재하는가? 번역으로 탄생한 지식은 신뢰할 수 있는가?
- 오늘날 주변에서 쉽게 접할 수 있는 영어로 된 텍스트/뉴스/인터넷

게시물(internet stuff) 등을 우리말처럼 느끼고 싶지 않은가?

- 위와 같은 일들은 외국 유학(studying abroad)을 다녀와야만 그나마 가능한 일인가?
- 유학을 간다 해도, 내가 영어로 된 교육을 제대로 받을 수 있겠는가?
- 유학을 갔다 온 이후로, 내가 생각한 만큼 영어에 능통해졌다고 생각되는가? 능통해졌다는 것은 어느 정도를 말하는가?
- 영어로 된 전문 서적/텍스트를 술술 읽고 이해하여야 되지 않겠나? 이 시대의 학문(study)/기술(technology)을 이해하려면 필수 과정이라고 생각되지 않는가?
- 나는 영어를 못해도 누군가가 영어를 잘해서 필요한 것을 나에게 가르쳐 줄 것인가? 그는 누구이고, 어떤 과정을 통해서 출현하겠는가?
- 통역사(interpreter)/번역가(translator)는 만물박사(walking dictionary)인가? 그들의 통역/번역을 백 퍼센트 신뢰(confident)하여야 하나?
- 대학 도서관 서가에 꽂혀 있는 많은 텍스트를 읽고 나서야 비로소 지식을 갖췄다고 할 수 있지 않겠나?
- 하버드, 예일 등등의 대학 도서관이 새벽까지 불을 밝히는 이유는 이러한 책들을 읽어야만 하기 때문이 아닐까? 우리도 그래야만 하지 않을까?
- 한국병이 영어문명[EL]이 안 돼서 생긴 문제라는 데 동의할 수 있는가?

우리 교육은 영어를 잘못 가르치고 있다. 영어에 대해 충분한 이해가 없이 영어를 가르치고, 가르치는 대로 영어를 배울 수밖에 없는 현실이다.

영어를 몇십 년간 배웠는데도 감히 영어를 잘한다는 생각을 하지 못한다. 우리의 영어 교육은 기본적인 텍스트를 학습시키면, 그것을 응용하여 앞으로 마주치게 될 모든 영어 텍스트를 해독할 수 있기를 바라는 것이다.

그러나 이것은 영국과 인접한 문명권의 나라에서 어려서부터 교육을 받은 사람들에게나 그나마 가능한 일일지 모르겠으나 우리에게는 너무나 벅찬 기대이며, 사실상 불가능한 일이다. 낯선 이방(foreign)의 언어를 배우겠다는 사람에게 명사/동사/보어/형용사 등등을 파악해야 된다고 가르치는 언어 공부는 그 자체가 모순(inconsistency)으로 억지스러운(forced) 학습 방법이다.

우리에게 영어라는 언어로 서술된 학문적(academic)/기술적(technological) 세계는 우주(universe)만큼이나 광범위하다. 그러므로 우리가 처음으로 마주치게 되는 특정된 영문 텍스트(text)는 어차피 돌발적(unpredictable)일 수밖에 없다. 마치 초등교육을 받는 학생에게 대학 교재를 이해시키려 하는 경우처럼 너무나 동떨어지는 차원의 텍스트를 해독하라고 떠맡기는 경우가 되는 것이다. 누군가가 설명을 해 주어야만 조금 이해가 가는 정도이다. 교사(teacher)도 사전(in advance)에 파악을 하여야 나름대로의 설명이 가능한 텍스트이다. 이러한 글을 이해하려면 낱말의 뜻(nuance)을 모국어(native language)처럼 체득하고 있어야만 가능한 것이다. 그것은 쉽게 도달할 수 있는 경지가 아니다.

- 사실상 우리는 아주 비효율적이고도 방관자적인 교육 방법을 택하고 있는 것이다.

학생들에게 영어를 가르치는 목적은 영어로 된 기술(description)을 이해하면서 필요한 지식을 바로 얻을 수 있는 능력을 부여하는 과정이 되어야 한다. 즉, 학문의 대한 지식을 얻으면서 그 지식을 전달하는 영어라는 언어의 쓰임새를 바로 배우는 것이다. 즉, 지식의 전달과 동시에 언어에 대한 이해가 함께 이루어져야 하는 것이다. 이러한 과정이 학문의 습득 과정을 통하여 반복됨으로써 지식과 더불어 이를 설명하는 언어에 대한 이해가 자연스레 생기고 계속해서 진전(develop)되기 때문이다. 누군가가 교사(teach)하는 것이 아니라 스스로 터득해 나가는 것이다.

- 즉 지식과 언어는 같이 이해되고 습득되는 것이지, 따로 떨어져서 이해될 수 있는 것이 아닌 것이다.
- 한국인의 영어 학습은 이 점을 깨달아야 하는 것이다. 현재의 한국인은 어이없게 평생을 영어라는 언어를 배우는 데 소모하고 마는 것이다.
- 언어를 배우는 목적은 그 언어로 전달되는 지식을 얻고자 하는 것이다.
- 영어라는 언어를 배우기 위해 영어 공부를 하는 것은 해외관광 여행을 하기 위한 준비 과정에 불과한 약소한 행위이다.

그렇다면, 우리의 영어 학습을 어떠한 방향으로 전환해야 하겠는가?

시작부터 곧바로 영어를 배우는 목적을 달성하는 것이 최고의 방법이다. 달리 말하면, 내가 배우고 싶은 학문을, 알고 싶은 지식을 기초부터 바로 영어로 공부하는 것이다. 그 과정에서 영어 말의 쓰임새를 자연스럽게 익히게 되면서 소기(intended)의 학문을 하게 되는 것이고, 더불어서 실질적(practical)인 영어를 배우게 되는 것이다. 즉, 서양 학문의 전체 과정

(process)을 영어 텍스트를 통해, 서양인의 학습 과정의 진도(progress)와 같은 형태로 진행하는 것이다. 오늘날 인터넷 환경만 갖추면 사실상 교사는 크게 필요 없는 것이다. 인터넷으로 학습에 필요한 교재(text)와 정보(information)를 충분히 얻을 수 있는 것이다.

우리가 도달하여야 할 영어문명[EL]의 경지는 다음의 예시 1/2/3과 같은 산업의 규제(industry regulations)/세미나 안내(seminar guide)/신제품 정보(new products information) 등에 관한 글을 읽을 수 있는 수준에 도달하는 것이다. 아래의 글에서 모르는 한두 개의 단어를 사전(dictionary)을 통해 바로 알아채고, 전체적인 메시지를 이해하면 목표하는 수준에 도달한 것이다. 약간의 이해 부족은 관련 텍스트를 계속 읽어 나가면 이해의 폭이 넓어지면서 저절로 알게 될 수가 있다. 이것은 우리가 새로운 일(task)을 착수하게 되면서 맞닥뜨리게 되는 일상적인 프로세스라 할 수 있는 것이다.

이럴 수가 있어야만 텍스트를 통해서 지식과 정보를 흡수하여 프로페셔널(professional) 행위를 할 수 있다. 프로페셔널 행위란 금전적 가치(monetary value)를 창출할 수 있는 행위를 말한다. 당연히 이러한 경지는 도달하기 위해서는 많은 영어 텍스트를 읽어야만 한다. 그러기 위해서는 어떠한 프로세스를 밟아야만 하는가를 설파하는 것이 본 글의 목적이다.

이 프로세스는 급격히 변화된 오늘날의 ICT(정보통신) 환경에서는 절대 어려운 길이 아니다. 지금의 한국어로 된 꽉 막힌 학문을 하는 것에 비하면 오히려 몇십 배 쉬운 길이다. 그 길을 가는 행위 자체가 학문을 하는 자연스럽고 즐거운 과정이며 또한 전부이다. 모든 서양의 학문/기술에 대한 접근은 오로지 이 길을 거쳐야만 가능하며, 매진(strive)하면 누구나 높은 경지(high level)에 도달할 수 있다.

결론적으로 말해서, 여기서 주장하는 영어문명[EL]은 텍스트를 많이 읽어야 도달할 수 있는 경지라는 것이다. 처음부터 이해하기 어려운 글을 독서백편의자현(讀書百遍義自見: 책을 백 번쯤 읽으면 그 뜻이 저절로 드러남)식으로 억지스럽게 이해하려고 도전한다고 되는 것이 아니다. 한마디로 얼마 가지도 못하고 주저앉게 된다. 읽기 쉽고 이해하기 쉬운 기초(basic)/기본(fundamental) 단계의 글을 많이 읽어야 각종 낱말(words)/표현(expression)에 대한 이해력(comprehensive understanding)이 저절로 생기게 되고, 자연스럽게 그다음 단계의 보다 어려운 기술(description)을 이해하게 되고, 더 탐구(explore)하고 싶은 욕구(desire)를 동반한 사고력(thinking)이 자리 잡게 되는 것이다. 그래야 책을 읽는 재미(pleasure)와 학구(studious)적 욕망이 생기는 것이고, 학문의 길이 즐겁고 흥미로운 여정(journey)이 되고, 새로운 분야에 대한 연구의 욕구도 불러오는 것이다.

무식(ignorant)함과 유식(erudite)함의 차이는 어디서 오는 것일까? 그것은 오로지 독서량의 차이에서 오는 것이다. 누구든지 어떤 주제(subject)에 관련된 책을 안 읽으면 그 주제에 대해서는 무식한 사람이 될 수밖에 없는 것이다.

그러므로 모두의 기본 과정인 기초적 초등 과정부터 시작하여 대학 과정의 전문 분야까지, 각자의 전공(major)에 따른 요구 수준(requirements)에 초점을 맞춰 기초에서 시작하여 점차적으로 고급 수준까지의 텍스트를 읽어야 한다.

'시작이 반이다'라는 말처럼 일단 시작을 하면, 본격적으로 흥미로운 공부(study)에 전념케 될 것이며, 진정한 학문적 성취를 이루게 될 것이다. 본 글의 소제목(subtitle)인 '50만 원어치의 텍스트 읽기'는, 각자가 영어문명[EL]에 도달하기 위해 읽어야만 하는 텍스트의 최소량(minimum volume)을 가리키는 구호(slogan)이다.

오늘날 ICT 세상은 아마존, 알라딘 등의 온라인 사이트를 통한 구매로 이러한 욕구 행위를 어렵지 않게 충족할 수 있는 기회를 누구에게나 제공하고 있는 것이다. 독서량의 정도는 진행 과정에서 스스로 깨닫게 되며, 다다익선(the more, the better)이 될 것이다.

아래의 글을 이해할 수 있으면 현대문명의 첨단에 있는 원자력 설비(nuclear facility)를 운영(operation)하는 임무(duty)를 수행할 수 있는 능력(capability)을 갖췄다고 볼 수 있다. 이 글은 현대문명의 행위를 규제하는 가장 기본적인 규정(regulations)을 기술한 글이며, 인류문명의 최고 수준에 해당되는 텍스트이다. 당연히 이 글을 이해할 수 있는 사람만이, 본 글의 실체적 산업 현장인 원자력 산업 활동에 참여하여 전문가(expert)적인 행위(performance)를 할 수 있는 기본적 자격(basic requirements)을 갖췄다 할 수 있는 것이다.

다음 글은 미국의 원자력 산업(nuclear industry)을 규제하는 품질관리 요건(Quality Assurance Criteria)과 관련된 기술이다.

[예시(example) 1] 미국 원자력발전소 규제 텍스트

Home 〉 NRC Library 〉 Document Collections 〉 NRC Regulations (10 CFR) 〉 Part Index 〉 Appendix B to Part 50—Quality Assurance Criteria for Nuclear Power Plants and Fuel Reprocessing Plants

Appendix B to Part 50—Quality Assurance Criteria for Nuclear Power Plants and Fuel Reprocessing Plants

Introduction. Every applicant for a construction permit is required by the provisions of § 50.34 to include in its preliminary safety analysis report a description of the quality assurance program to be applied to the design, fabrication, construction, and testing of the structures, systems, and components of the facility. Every applicant for an operating license is required to include, in its final safety analysis report, information pertaining to the managerial and administrative controls to be used to assure safe operation. Every applicant for a combined license under part 52 of this chapter is required by the provisions of § 52.79 of this chapter to include in its final safety analysis report a description of the quality assurance applied to the design, and to be applied to the fabrication, construction, and testing of the structures, systems, and components of the facility and to the managerial and administrative controls to be used to assure safe operation. For applications submitted after September 27, 2007, every applicant for an early site permit under part 52 of this chapter is required by the provisions of § 52.17 of this chapter to include in its site safety analysis report a description of the quality assurance program applied to site activities related to the design, fabrication, construction, and testing of the structures, systems, and components of a facility or facilities that may be constructed on the site. Every applicant for a design approval or design certification under part 52 of this chapter is required by the provisions of 10 CFR 52.137 and 52.47, respectively, to include in its final safety analysis report a description of the quality assurance program applied to the design of the structures, systems, and components of the facility. Every applicant for a manufacturing license under part 52 of this chapter is required by the provisions of 10 CFR 52.157 to include in its final safety analysis report a description of the quality assurance program applied to the design, and to be applied to the manufacture of, the structures, systems, and components of the reactor. Nuclear power plants and fuel reprocessing plants include structures, systems, and components that prevent or mitigate the consequences of postulated accidents that could cause undue risk to the health and safety of the public. This appendix establishes quality assurance requirements for the design, manufacture, construction, and operation of those structures, systems, and components. The pertinent requirements of this appendix apply to all activities affecting the safety-related functions of those structures, systems, and components; these activities include designing, purchasing, fabricating, handling, shipping, storing, cleaning, erecting, installing, inspecting, testing, operating, maintaining, repairing, refueling, and modifying.

As used in this appendix, "quality assurance" comprises all those planned and systematic actions necessary to provide adequate confidence that a structure, system, or component will perform satisfactorily in service. Quality assurance includes quality control, which comprises those quality assurance actions related to the physical characteristics of a material, structure, component, or system which provide a means to control the quality of the material, structure, component, or system to predetermined requirements.

〈출처: USNRC web site〉

다음 글은 경영기법(business management)을 소개하는 인터넷상의 세미나(web seminar) 안내(guide)이다.

[예시 2] 인터넷을 통한 세미나(webinar; web seminar) 가이드 텍스트(guide text)

On-Demand Webinar:
Select The Right Requirements Management Solution

A panel discussion on the importance of managing your requirements management.

Overview

Increasingly complex products designed with a mix of hardware, software, and connectivity are reshaping industries and redefining competition. With this added complexity, requirements are also growing. Organizations need a solid requirements management process in place be successful. Join the host Michelle Boucher, Vice President Tech-Clarity, for a 50-minute interview. The panel will discuss why using a Requirements Management solution is important and how you can make the right software selection.

The interview will cover:

- The Business Value of Requirements Management
- How to identify specific requirements needs
- How to select the right solution for your organization

Key Take-Aways

- Learn the Business Value of Requirements Management
- Discover how to identify specific requirements needs

- Understand how to select the right solution for your organization

Speakers

Michelle Boucher, Vice President of Research for Tech-Clarity, Tech-Clarity

Michelle Boucher is the Vice President of Research for Tech-Clarity. Michelle has spent over 20 years in various roles in engineering, marketing, management, and as an analyst. She has broad experience with topics such as product design, simulation, systems engineering, mechatronics, embedded systems, PCB design, improving product performance, process improvement, and mass customization. Ms. Boucher is an experienced researcher and author and has benchmarked over 7000 product development professionals and published over 90 reports on product development best practices. She focuses on helping companies manage the complexity of today's products, markets, design environments, and value chains to achieve higher profitability.

〈IEEE email 발췌〉

다음 글은 회사의 새로운 제품(new products)을 소개(introduce)하는 텍스트이다.

[예시 3] 회사의 제품을 소개하는 텍스트

2-AXES GIMBAL ROTARY SYSTEM

2-AXES GIMBAL ROTARY SYSTEM

AZIMUTH/YAW and ELEVATION/ROLL

Precision worm gear technology
Repeatability 30 arc-sec
Max speed 10 rpm
Rotation both axes 360 deg
Load 10 Kg
Slip rings

Integrated two-axes rotary gimbal system is designed for general purpose pointing, scanning and tracking applications for small optics, antennae and other sensors.

System is equipped with high performance rotary stages and offer excellent stiffness and load capacity making them suitable for a wide variety of applications and motorized with high torque NEMA 17/23 stepper motors.

Optionally, can be equipped with rotary encoders mounted to the back of the stepper motor to provide closed loop servo performance with IntelLiDrives ServoStep controllers.

For applications that require 360 degrees of continuous travel, this gimbal is available with slip rings utilized on one or both axis.

Available with metric tapped holes for installation of additional instruments or optional third rotary stage for ROLL capability.

〈출처: Intellidrives, Inc. email〉

그러면 각자는 어떤 과정의 텍스트를 거쳐 위의 글을 읽을 능력을 갖게 될 것인가? 가장 먼저 수학(Math) 텍스트를 통해 Math를 기초부터 배우면서, 동시에 기본적인 영어에 대한 적응을 시작한다.

Math 교재를 사용하여, 가장 낮은 단계에서부터 중간단계까지, Grade 1~Grade 6까지 Math를 배운다. Math를 기초부터 시작하는 것이 영어 말(word)의 의미를 터득하는 기본적인 개념을 제공한다. 또한 우리에게 가장 필요한 수학적 논리의 수립(build up)을 위한 단계별 프로세스를 밟게 하면서 영어라는 언어의 기본적 쓰임새를 이해할 수 있는 기회를 완벽히 제공하고, 용어(vocabulary)와 논리(logic)를 전개(evolve)해 나가는 방법과 사고(thinking)의 방향을 제공하면서 수학과 동시에 영어를 익힐 수 있는 최적(best practice)의 텍스트이다.

다음에 소개하는 텍스트는 Grade 1~Grade 6/Algebra/Geometry/Calculus의 Math 텍스트에서 기술되는 설명문의 샘플(samples)이다. 각

단계별 텍스트상의 영어 기술의 정도(grade)가 점차 상승되며 논리의 단계가 초급에서 중급을 지나 고급 단계로 점차 상승된다. 쉬운 말/논리에 익숙해져야 어려움없이 정도를 올릴 수 있어 고급 단계의 말/논리가 비로소 이해될 수 있다.

여기서 소개하는 텍스트는 별도로 교사의 설명이 필요 없는, 즉 기술된 설명만으로도 누구나 완벽히 이해가 되는 self-teaching의 텍스트이다. 수학적 사고(mathematical thinking)가 필요한 문제의 풀이 과정(operation)에 대한 설명이 잘 기술되어 있어서, 언어적 표현(linguistic expression)과 수학적 개념(mathematical concept)을 동시에 배울 수 있고, Grade 1에서 Grade 6까지의 텍스트를 통해 다양한 형태의 언어적/수학적 표현기술과 수학적 용어(mathematical vocabulary)를 습득할 수 있다. 수학적 기술(description)이 가장 정확한 일상적 언어상의 표현이므로, 본 텍스트를 통해 정석(standard)의 언어적 표현기술을 알 수 있다. 즉, 영어로 표현하는 방법의 기본 줄기(basic stem)를 숙달할 수 있다.

이러한 기초적/기본적 수학 개념을 거쳐서 Algebra(대수)/Geometry(기하)로 이어지는 수학적 개념의 전개(development)로 꾸준히 나아가야 Calculus(미적분)을 소화할 수 있고, 비로소 최고 수준인 Advanced Mathematics(공업수학/응용수학)에 도달하기까지의 수학적 용어개념(mathematical vocabulary)과 수학적 기술(mathematical description)에 대한 이해를 제대로 가져갈 수 있다. 도중에 막히면 언제든지 해당 개념의 시발점(starting point)으로 복귀(return)하여 리뷰(review)를 할 수 있으며, 수학적 계산(operation and/or measure)과 추리(deduction)가 필요하면 언제든 해당 텍스트를 찾아보고 스스로 터득할 수 있는 self-study 내공(competence)이 생기는 것이다.

- 처음에 비교적 쉬운 개념은 한글로 배우고 후에 한글로 기술하기 어려운 개념은 원어인 영어로 배우겠다는 대한민국의 교육 시나리오(scenario)는 절대로 성공할 수 없는 과정이라는 것을 새삼 강조한다.
- 절대 한국식 수학인 'K-수학' 프로세스에 의존하여서는 안 된다. 그것은 수학이라는 학문을 이리저리 맛만 보다가 결국은 포기하게 만드는 잘못된 프로세스이다.

[예시 4] 단계별 수학 텍스트 기술내용 예시

[Grade 1 Math Text]

- Relationships with Operations;
Choose an Operation

Examples:

1. John has 7 red apples and 5 green apples. How many apples does he have in all?
   Will you add (+) or subtract (-)?
   Since you are asked to find how many in all, you know you must add to find the number of apples.
   7 + 5 = 12
   There are 12 apples in all.

2. There are 16 pears. 7 of them are eaten. How many pears are left?
   Will you add (+) or subtract (-)?
   Since you are asked to find how many are left, you know you

must subtract to find the number of pears.

16 - 7 = 9

There are 9 pears left.

- Geometry Concepts;

Describe Two Dimensional Shapes

A **circle** is a curve that is closed. It has no straight sides.

A **triangle** has 3 straight sides and 3 vertices.

A **rectangle** is a closed shape with 4 straight sides and 4 vertices. It also has 4 square corners.

A **square** is a closed shape with 4 straight sides that are the same length. It has 4 vertices. It has 4 square corners.

A **trapezoid** is a shape with 4 straight sides and 4 vertices. It has 2 sides that are opposite one another. They go in the same direction, but are different lengths.

[Grade 2 Math Text]

- Time Concepts;

What Time Is It?

Let's look at this analog clock. The numbers 1-12 on the inside represent the hours. The numbers on the outside are counting by fives and represent the minutes.

Now let's look at the hands on the clock.

The short hand is the hour hand. It takes 60 minutes (1 hour) for the short hand to move from one number to the next. When the short hand is between two numbers that means it is still moving toward the next hour. For example, the short hand on this clock is pointed between 1 and 2. It is not yet 2 o'clock!

The long hand is the minute hand. It takes one minute for the long hand to move from one tick mark to the next. It is easy to count by 5s in minutes because there are 5 tick marks between each minute.

- Fraction Concepts;

What Is a Fraction?

Example: Your father buys a surprise cake for your family. You and your family decide you will not eat the *whole* cake in one day.

You decide to cut the cake in two *equal* pieces; *one half* to eat today and *one half* to eat tomorrow. It will take you and your family two days to eat the whole cake.

But what if you all decide to eat the same-sized piece of cake each day for three days? You must cut the cake into three equal pieces. Each day you will eat *one third* of the cake.

Now what if you want to make the cake last longer? You decide to eat the same-sized piece each day for four days. You cut the cake into four equal pieces. You eat *one fourth* of the cake each day.

[Grade 3 Math Text]

- Division Concepts;

Two-Step Problems and Equations

Example: Bill runs 3 miles a day. His goal is to run 28 miles total. He has run for 5 days. How many more miles must Bill run before he reaches his goal?

What is the question you need to answer? How many more miles must Bill run before he reaches his goal?

This is subtraction problem. To solve, subtract the number of miles Bill has run from his goal.

28 - miles Bill has already run = miles left

Does the story problem say how many miles Bill has already run? No. This is the inferred question. Step 1 is to solve this question:

Bill runs 2 miles each day. He has run for 5 days. How many miles has he run so far?

5 days × 3 miles per day = 15 miles

Step 2 is to subtract. 28 - 15 = 13

Bill has to run 13 more miles before he reaches his goal.

- Fraction Concepts;

Practice:

Lula had a candy bar in her lunch bag. When she got to lunch and pulled it out, she had already eaten $\frac{2}{5}$ of the bar. How many more pieces does Lula need to eat to finish up her candy bar? Show your work and explain your thinking on a piece of paper.

[Grade 4 Math Text]

- Fraction Concepts;

Discover how you can apply the information you have learned.

(Activity Section)

A few of the children in Mrs. Kim's class ran in a race. It took Mary $3\frac{2}{3}$ minutes to finish the race. It took Lisa $3\frac{1}{2}$ minutes to finish the race. It took Tom $3\frac{5}{6}$ minutes to finish the race, and it took Chan $3\frac{1}{4}$ minutes to finish the race. Who came in first place? Who came in last place? Show your work and explain your answer.

- Measurement Concepts;

Discover how you can apply the information you have learned.

(Activity Section)

Carol and her father want to go visit her aunt in New York. They decide to take airplane to get there. Their plane leaves on Monday at 1:24 p.m. They must be at the airport to check in 1 hour before the plane leaves. The drive to the airport takes exactly 40 minutes. When they get to the airport, they have to park the car in the parking garage and take a shuttle over to the terminal (this will take 20 minutes). What time should they leave home? Is the time a.m. or p.m.? Show your work and explain your answer.

[Grade 5 Math Text]

- Adding and Subtracting Decimals Concepts;

Place Value in Decimals

Example: 275.869 can be written as the following expression:

$2 \times 100 + 7 \times 10 + 5 \times 1 + 8 \times (\frac{1}{10}) + 6 \times (\frac{1}{100}) + 9 \times (\frac{1}{1000})$.

In word form, you say, "Two hundred seventy-five and eight hundred sixty-nine thousandths."

- Adding and Subtracting Fractions Concepts;

The Common Denominator

Example: Solve $\frac{3}{4} + \frac{3}{12}$ by finding the common denominator. To find the common denominator, first list the multiples.

Step 1:

List the multiples of each denominator.

4: 4, 8, 12, 16, 20, 24 ⋯

12: 12, 24, 36, 48 ⋯

Look at the multiples that are the same. Circle the lowest one. Use this as the new bottom number.

Step 2:

Change the top numbers by the same amount as the bottom numbers. Remember, multiples are used in multiplication!

$\frac{3}{4} = \frac{9}{12}$ $\qquad \frac{2}{12} = \frac{2}{12}$

Step 3:

Add the fractions with like denominators: $\frac{9}{12}+\frac{2}{12}=\frac{11}{12}$

(Remember, when adding and subtracting fractions, you only add or subtract the top number. The bottom number stays the same.)

[Grade 6 Math Text]

- Ratio and Proportional Relationship Concepts;

Understanding Unit Rates

Example: Tom paid $3 for 2 pencils. If each taco costs the same, how much did she pay for one pencil?

Step 1:

Notice that the first term of the ratio is measured in dollars, and the second term is not. This means you are finding a rate, not just a ratio.

Step 2:

Write it as a ratio.

$$\$3 : 2 \text{ pencils or } \frac{3}{2}$$

Step 3:

Divide.

$$\frac{3}{2}=1.5$$

It costs $1.50 per one pencil.

Finding Percent of a Number

Example: 60% of the songs on Jerry's tablet are Top 20 hits. If Dann has 30 songs on his tablet, how many are Top 20 hits? Find 60% of 30.

Step 1:

Write and equivalent ratio to show the percentage as a fraction per 100.

60% is equal to 60 per 100

$$\frac{60}{100}$$

Step 2:

Find the fractional part to solve. *Hint:* You multiply to find fractional parts.

What is 60% of 30?

$$\frac{60}{100} \times \frac{30}{1} = \frac{1800}{100} = \frac{18}{1} = 18$$

18 of Dann's songs are Top 20 hits.

- Expression Concepts;

Identifying Parts of Expressions

Example: Identify the parts of the expression 7 times m plus 5.

Step 1:

Write the expression using math operations.

$$7m + 5$$

Step 2:

Identify the terms.

$$7m + 5$$

$7m$ and 5 are the terms because they are separated by an addition symbol.

Step 3:

Identify the coefficients.

$$7m + 5$$

The variable is multiplied by 7, so 7 is the coefficient.

[Algebra Text]

- Equations;

POSTULATES OF EQUALITY

- Any number is equal to itself. In symbols, if a is any number, then

$$a = a$$

The technical name for this property is the *reflexive property of equality*.

- You can reverse the two side of an equation whenever you feel like it. Technical name: *symmetric property of equality*. In symbols, is a and b are any two numbers,

$a = b$ means the same thing as $b = a$

- If two numbers are both equal to a third number, they must be equal to each other. Technical name: *transitive property*. In symbols, if a, b, and c are any three numbers, and

If $a = c$ and $b = c$, then $a = b$

- Golden rule of equations: Whatever you do to one side of equation, do exactly the same thing to the other side. In symbols, let a, b, and c be any three numbers. If $a = b$, then

$$a + c = b + c$$

$$a - c = b - c$$

$$a \times c = b \times c$$

$$\frac{a}{c} = \frac{b}{c}$$

(In the last equation, c must not be zero.)

- Substitution property: If $a = b$, then you can substitute a in the place of b appears in an expression.

We wrote the equation using x to represent the number of missing books.

$$54 + x = 62$$

$$54 + x - 54 = 62 - 54$$
$$x = 8$$

We decided to call this kind of equation a *conditional equation*. If an equation contains expression involving only numbers, then it is an *arithmetic equation* and it is either true or false. If an equation contains a letter that stands for an unknown number, then it is a conditional equation because it is true only under the condition that the unknown letter has the correct value. We decide to call the value of the unknown that makes the equation true the *solution* of the equation. For example, the equation

$$53 + x = 62$$

has the solution $x = 9$. Finding the solution to conditional equations turns out to be one of the most important problems in all of algebra.

If two equations have the same solution, then they are said to be *equivalent* equations. For example: $x + 7 = 13$ and $x + 3 = 9$ are equivalent equations, because they both have the solution $x = 6$.

"We'll say that when we're finding the correct value of the unknown number we're *solving* the equation," the detective said, "just as I say that I am solving a case when I discover the correct name for the unknown culprit. And, if I were you, I would take this opportunity to gain more practice at solving questions while I continue to look for clues."

"Solving equations isn't hard," Team said, "as long as you use the golden rule of equations to isolate x on one side of the equation."

- Permutations;

The coach was becoming extremely nervous as the team prepared for the next game. "I don't know what our best batting order is", he fretted. "We have nine players, but I don't know in what order they should bat. I will tell the manager to try every single order and then we can determine which will be best."

"How many possible batting orders are there?" Team asked, "Won't it take a long time to test every single possible order?"

"I'm sure we can derive a nice, simple formula," the coach said. "There clearly are nine possible choices for the batter who bats first, and then there must be nine possible choices for the batter who bats second, so there must be 9 × 9 = 81 possibilities for the first two batters."

"Wait a minute!" "The first batter cannot bat again in the second position! Once you have chosen one player to be the first batter, then there are only 8 possibilities left for the second batter. So there are 9 × 8 = 72 ways of choosing the first two batters."

The coach blinked. "I hadn't thought of that," he said. "After the first two batters have been chosen, there must be 7 choices for the third batter, then 6 choices for the fourth batter, and so on. "We figured out that after the first eight batters had been chosen, there was only one possible choice left for the ninth batter. Therefore, altogether there were

$$9 \times 8 \times 7 \times 6 \times 5 \times 4 \times 3 \times 2 \times 1$$

possible batting orders. Team carried out the multiplication and came up with the result 362,880.

[Geometry Text]

- Indirect Measurement in a Right Triangle;

Trigonometric ratios may be used to arrive at the measure of a side or angle of a right triangle that may be difficult, if not possible, to calculate by direct measurement.

For example, consider a plane that takes off from a runway, and climbs while maintaining a constant angle with the horizontal ground. Suppose that, at the instant of time when the plane has traveled 1000 meters, its altitude is 310 meters. Using our knowledge of trigonometry, we can approximate the measure of the angle at which the plane has risen with respect to the horizontal ground.

A right triangle may be used to represent the situation we have just described. The hypotenuse corresponds to the path of the rising plane, the vertical leg of the triangle represents the plane's altitude, and the acute angle formed by the hypotenuse and the horizontal leg (the ground) is the desired angle whose measure we must determine.

- Area of a Regular Polygon;

We have intentionally restricted our attention to finding the areas of familiar three-sided and four-sided polygons. As a general rule, it is difficult to develop convenient formulas for other types of polygons. There is, however, one notable exception. A formula for the area of a *regular* polygon can be derived by subdividing the regular polygon into a set of congruent triangles and then summing the areas of these triangles. Throughout our analysis we shall assume that *circles having the same center can be inscribed and circumscribed about a regular polygon*.

DEFINITIONS RELATING TO REGULAR POLYGONS

- The *center* of a regular polygon is the common center of its inscribed and circumscribed circles.
- An *apothem* of a regular polygon is a segment whose end points are the center of the polygon and a point at which the inscribed circle is tangent to a side. An apothem of a regular polygon is also a radius of the *inscribed* circle.
- A *radius* of a regular polygon is a segment whose end points are the center of the polygon and a vertex of the polygon. A radius of a regular polygon is also a radius of the *circumscribed* circle.
- A *central angle* of a regular polygon is an angle whose vertex is

the center of the polygon and whose sides are radii drawn to the end points of the same side of the polygon. An *n*-sided regular polygon will have n central angles.

[Advanced Mathematics Text]

- Ordinary Differential Equations:

Applications: Consider a tank initially holding 120 gallon of a salt solution in which 50 lb. of salt are dissolved. Suppose that 3 gallon of brine, each containing 2 lb. of dissolved salt, run into the tank per minute, and that the mixture, kept uniform by stirring, runs out of the tank at the rate of 2 gallon/min. Find the amount of salt in the tank at any time t.

Let Q be the number of pounds of salt present at the end of t minutes. Then dQ/dt will be the rate at which the salt content is changing. This in turn will be the number of pounds gained per minute owing to the inflow of brine, minus the number of pounds lost per minute owing to the outflow of the mixture. The rate of gain will evidently be 3 (gal./min) × 2 (lb./min.) = 6 (lb./min.). Let C (lb./gal.) denote the concentration; then the rate of loss will be 2 (gal./min.) × C (lb./gal.) = $2C$ (lb./min.). Now the number of gallons of brine present after t minutes will be $120 + t$, since the original number, 120, is increased by 1 gal. each minute. Hence $C = Q/(120 + t)$, and we get the relation

$$\frac{dQ}{dt} = 6 - \frac{2Q}{120 + t}$$

This is a linear differential equation of the first order, the integrating factor for which is readily found to be $(120 + t)^2$. ⋯.

다음에 소개하는, ICT 문명의 최고의 결실 중 하나(one of best fruits)인, 온 인류가 누구나 손쉽게 사용할 수 있는 백과사전인 위키피디아

(the free encyclopedia, Wikipedia)를 이용할 수 있어야 현대인류문명(contemporary civilization)의 보통수준(normal)의 지적 능력(intellectual ability)을 가졌다 할 수 있을 것이다.

[예시 5] 위키피디아(Wikipedia)에서의 수학용어 'Logarithm(로그함수)' 설명

Logarithm

In mathematics, the logarithm is the inverse function to exponentiation. That means the logarithm of a given number x is the exponent to which another fixed number, the base b, must be raised, to produce that number x. In the simplest case, the logarithm counts the number of occurrences of the same factor in repeated multiplication; e.g., since $1000 = 10 \times 10 \times 10 = 10^3$, the "logarithm to base 10" of 1000 is 3. The logarithm of x to *base b* is denoted as $\log_b(x)$, or without parentheses, $\log_b x$, or even without the explicit base, $\log x$—if no confusion is possible.

More generally, exponentiation allows any positive real number as base to be raised to any real power, always producing a positive result, so $\log_b(x)$ for any two positive real numbers b and x, where b is not equal to 1, is always a unique real number y. More explicitly, the defining relation between exponentiation and logarithm is:

$$\log_b(x) = y \quad \text{exactly if} \quad b^y = x$$

For example, $\log_2 64 = 6$, as $2^6 = 64$.

The logarithm to base 10 (that is $b = 10$) is called the common logarithm and has many applications in science and engineering. The natural logarithm has the number e (that is $b \approx 2.718$) as its base; its use is widespread in mathematics and physics, because of its simpler integral and derivative. The binary logarithm uses base 2 (that is $b = 2$) and is commonly used in computer science. Logarithms are examples of concave functions.

영어 말하기/듣기(English speaking/listening)는 영어문명[EL]의 직접적인 목적은 아니지만, 무엇보다도 영어문명[EL]을 통한 지식/정보를 축적한 후에 이루어져야 실효성(viable)이 있는 것이다.

지식/정보의 축적 없이 이루어지는 대화(talking)는 기껏해야 일상적인 몇 마디의 말로 끝나게 되는 여행(travel) 등을 목적으로 하는 일회성 수준에 머무는 것이다.

영어문명[EL]을 통한 지식/정보를 축적한 후에야 비로소 프로페셔널(professional)한 대화가 가능한 것은 대화를 통해 해결해야 할 소재(resource)를 충분히 갖출 수 있게 되기 때문이다. 한마디로 뭘 알아야 말이 통하는 것이고, 그것이 계속 발전되어 최종적으로 계약서(contract)에 서명(signing)까지 할 수 있는 능력을 갖추게 되는 것이다. 그러므로 영어문명[EL]이야말로 대화를 위한 필수적(essential)인 소양을 갖추는 것으로, 관심 분야의 텍스트를 많이 읽어야만 의미 있는 대화를 할 수 있는 것이다.

- 대화를 위해 영어회화를 공부하는 것은, 영어를 잘하기 위해 영어를 공부하는 것처럼, 막연하고 비효율적인 공부인 것이다.

다음은 영어문명[EL]의 성취를 위한 방향 제시이다.

- 일상적 대화(daily chats), 드라마(drama), 연설(speech), 뉴스(news) 등등 일상적이고도 광범위한 내용이 포함되는 언어 세계를 정복하려고 노력하지 마라. 무엇보다 달성하기도 힘들지만 별다른 가치가 없는 수고(effort)이다. 영어문명[EL]이 정착되는 과정에서 보다 쉽고 자연스럽게 알게 되는 영역이다.
- 적절한 영어 텍스트를 구하는 것은 각자의 재량에 달린 문제이지만, 아마존(amazon.com) 등의 온라인 구매(online purchase)를 활용하여 기초적이고 쉬운 것으로부터 시작하여야 한다. 아마존은 모든 종류의 책을 구할 수 있어 최고의 도우미(helper)/리소스(resource)이다.
- 위 글에서도 기술하였듯이 Math(수학)를 기초(grade 1~grade 6)에서부터 시작하는 것이 최선(optimal)의 방법이다. 사이언스(science, 탐구/과학)를 기초(grade 1~grade 6)에서부터 시작하는 것은 차선(sub-optimal)의 방법이지만, 두 과목(subject)을 포함하여 여러 과목을 같이 하여도 다다익선(the more the merrier)이 될 것이다.
- 영어문명[EL]의 목적은 영어 지식이 축적되면서 영어 텍스트를 자연스럽게 읽게 되는 것이다. 모르는 낱말의 출현은 새로운 말을 배우는 기회를 맞게 되는 것으로, 이러한 순간이 누적되어 어느 순간 영어문명[EL]에 당도하게 되는 것이다. 온전히 각자의 정신적 공간에서 지적인 만족감과 자신감을 얻게 되는 길이다.
- 한글로 된 텍스트보다 영어로 된 텍스트가 훨씬 더 이해하기 쉽고 논리적(logical)/탐구적(scientific)으로 세밀(detail)하게 작성되었음을 발

견하게 될 것이다. 그것이 선진 문명의 소프트웨어(software)이며, 한국어/한글로는 도저히 표현할 수 없는(untouchable), 도저히 생각해낼 수 없는(unimaginable) 정신적/철학적 세계라 할 수 있다. 한국은 소프트웨어를 제대로 읽어 내지/소화하지 못하면서 많은 서양 문명의 하드웨어(hardware)가 도입되어 있는 나라이다.

- 단어 암기는 쓸모없는 노력이다. 영어문명[EL]을 실행하는 과정에서 저절로 기억된다. 즉, 텍스트를 많이 읽는 과정에서 자연스럽게 머릿속에 남게 되는 것이 문장 속의 낱말(word/vocabulary)이다. 이것이야말로 텍스트를 계속 읽어나갈 수 있는 지식의 자산(resource)이다. 즉, 텍스트를 읽은 결과로 머릿속에 남게 되는 말들을 하나하나 별도로 외운다는 것은 그 자체로 모순이다. 모르는 말을 사전으로 검색하면서 말의 활용 예문(usage example)을 통해 쓰임새/느낌이 체득될 때, 비로소 말을 배운 것이고, 이것이 자연스레 기억(memorize)되는 것이다. 자연스럽게 잊어버려지는 것을 애써 외우려고 할 필요가 없다. 새롭게 등장하는 말들로 인해 자연스레 잊혀지지만 다시 만나게 되면 저절로 기억된다.
- 번역을 하려는 본능적(unconditioned response)인 두뇌 작용은 가능한 억제되어야 한다. 번역은 그 자체로 불완전하고 힘들고 불필요한 행위이다. 영어라는 언어 그 자체로 이해되어야 한다. 한국어로 표현하려는 시도는 전체적인 내용에 대한 대략적인 이해 여부를 판단하는 수준에서 머물러야 한다. 번역을 요구하지도 신뢰하지도 말아야 한다. 번역을 하면서 이해하려고 하지 말고, 영어 자체로 이해되게끔 노력하여야 영어문명[EL]에 도달할 수 있다.

- BBC 뉴스(bbc.com/news) 기사(article)를 읽고 BBC 방송(broadcasting)을 들으면 사전(previously)에 대본(script)을 보고 듣는 효과가 있다. 글로벌(global) 이슈(issue)를 다루는(embracing) 기회를 제공하므로 아주 유익한 매체(media)이다.

다음은 대강의 연령대별로 영어문명[EL]을 달성하기 위해 권고되는 프로세스이다.

초중고 학생

누구나 grade 1 Math부터 시작한다. Math 텍스트의 기술 내용은 모두가 이미 알고 있는 addition(덧셈), subtraction(뺄셈)에서부터 시작되므로, 설명 내용과 이를 위해 사용하는 낱말(word)의 의미를 이해하기 쉽다. 즉, 문제를 풀어서 답을 내는 과정이 아니라, 답을 요구하는 설명 내용을 배우는 거꾸로 된 학습으로, 이 과정에서 우리는 영어의 표현 방법을 이해하고 바로 친숙해지는 것이다. 누군가의 도움 없이도 영어라는 언어를 스스로 깨우쳐 나갈 수 있는 것이다. 이해가 안 되는 말(설명)은 잠시 건너뛰고 진행하여도, 후에 그 의미를 깨닫게 될 것이다. 이러한 막힘 현상이야말로 영어적 표현방식을 깨닫게 되는 중요한 경로인 것이다.

이 점이 텍스트의 설명 내용을 쉽게 인지할 수 있는 초보적인 Math 텍스트로 시작하는 이유이다. 진도가 나갈수록 수학(mathematics)과 영어에 대한 인식이 새로워지는 것을 느끼게 되며, 흥미를 갖게 되면서 학문적 성취(scholastic achievement)를 위한 의욕이 생길 것이다.

학교에서 배우는 K-수학과의 진도(progress) 비교는 'Math 시작하기'편을 참고하여 비교할 수 있다. 하나의 주제를 선택하여 텍스트 내용을 비교하면 엄청난 차이점과 깨우침을 동시에 느낄 수 있을 것이다.

Science(탐구)/Society(사회) 등 여러 과목(subjects)의 초보적 텍스트를 구해 천천히 확실하게 뜻을 파악하며 계속적인 진도를 밟는다면, 일취월장(improving very quickly)의 기회를 갖게 되며, 전문적 지식을 체계적으로 갖추게 된다.

초보적 텍스트에 나오는 단어(word)가 영어문명[EL]을 달성하는 기본적(fundamental)이고도 중요(important)한 어휘(vocabulary)이다. 이러한 낱말을 활용하여 필요한 문장(sentence)을 구성하고 대화(talking)를 할 수 있게 되는 것이다. 즉 영어문명[EL]을 달성하기 위한 알파(alpha, 시작)이고 오메가(omega, 끝)인 것이다.

외울 필요도 없이 자연스럽게 스며들어 자신의 언어가 될 것이고, 이것을 통해 사고(thinking)하게 되는 자연스러운 과정이 몸에 배이게 되면, 영어문명[EL]을 위한 프로세스(process)에 본격적으로 접어든 것이고, 영어는 자연스럽고 거침없는 나의 언어가 된 것이다.

단어 암기(word memorizing)는 미련한 도전(challenge)이다. 문법 학습은 새삼스럽게 할 필요는 없으나, 궁금증 해소를 위해서라면 문법 설명을 간단히 훑어본다. 문법을 설명하는 말이 문법 자체보다 더 어려운 것은 우리말이나 영어로 된 설명이나 똑같다고 볼 수 있다. 그것은 언어의 전문적인 영역에 속하는 논리를 설명해야 하기 때문이다. 일상적인 글이나 학문/기술 분야의 텍스트를 이해하는 데는 문법의 이해 여부가 전혀 상관없다.

- 우리는 영어라는 언어 자체를 연구하는 것이 아니라, 영어라는 말의 관습을 통해 지식을 얻고자 하는 것이다.

가능한 많은 텍스트를 읽으면서 새로 등장하는 말은 사전(dictionary)의 예문(usage example)을 통해 말의 쓰임새(usage)와 그에 따른 의미(meaning)를 터득하는 과정에서 지식을 얻으며, 공부하고 싶은 분야가 생기면 영어문명[EL]은 정착되어 가는 것이다.

영어 대화(talk)는 축적된 지식에 비례하여 자연스레 익숙해질 수도 있겠지만, 큰 의미를 부여하지 않는다. 많은 종류(many kinds)의 텍스트를 읽는 것이 무엇보다 중요하다. 이것이 유식(knowledgeable)해지는 과정이다. 유식해지면 대화는 저절로 성취될 수 있는 커다란 바탕이 마련되는 것이다.

대학생/일반인

초중고 학생의 과정과 동등하다. 처음에는 더딜지라도 갈수록 빠른 진도를 갖게 될 것이다. 그러나 확실한 영어문명[EL]의 달성을 위해서는 충분한 양의 기초적인 텍스트를 많이 읽어야 한다.

전문 지식을 위해서는 이해가 자연스러운 영문 텍스트를 섭렵한다. 반드시 Math를 포함하고, 기초부터 시작한다. 이러한 과정이 영어에 대한 이해와 흥미를 가져오는 동시에 학문적인 시야(academic view)를 넓혀줄 것이다.

전문 분야에 텍스트를 얼마나 섭렵하였는가의 여부가 개인의 전문성(expertise)을 결정한다. 따라서 관련 분야의 텍스트를 많이 읽는 것이 중요하다.

충분한 지식은 영어 청취(English listening)를 위한 바탕을 제공해줄 것이다. 강의(lecture)를 들을 수 있는 수준은 교사(teacher)의 강의 텍스트를 자연스럽게 이해할 수 있을 때 비로소 도달할 수 있는 것이다. 각고의 노력이 필요하며, 온전한 청취는 영미인(American and British peoples)이 아니면 도달하기 어려운 경지이지만 가능한 가깝게 갈 수 있다면, 영어문명[EL]의 스펙트럼(spectrum)은 그만큼 넓어질 것이다.

4부

한국 청년은 왜 무기력한가?

한국어와 영어의 괴리;
번역/번안으로 인한 문명의 불일치

이로 인한 결핍과 위험

- 영어문명[EL]; English Literacy: 이 말은 영어로 쓰인 학문/기술의 텍스트를 읽을 수 있는 상태를 말한다.
- 영어문맹[EiL]; English illiteracy: 이 말은 영어로 쓰인 학문/기술의 텍스트를 읽을 수 없는 상태를 말한다.

영어로 된 텍스트는 기술(description)의 수준이 높아져도, 개념적으로 적합한 말을 사용하여 논리성과 의미의 연속성을 유지함으로써, 전체적인 흐름을 추적하고 이해하기가 쉽다. 반면 우리의 글인 한국어로 된 기술은 상당히 투박하여 표현의 수준을 논리적으로 끌어올리기 힘들다. 따라서 수준이 높은 글이 탄생하지 못한다. 이것은 우리의 정신세계, 즉 철학이 상대적으로 깊지 못하다는 것을 의미하게 된다. 왜냐하면 인간은 결국 자기자신의 언어로써 생각할 수밖에 없기 때문이다.

한국의 언어인 한국어는 한글로 표기되지만, 대부분의 주요 의미를 가지는 말/단어(words)가 중국 문자인 한자의 한국어 발음으로 표기된 '한자어'라고 할 수 있다. 우리가 사용하는 한자는 동음이의어(homonym), 고사성어(idiom) 등이 많아 말로만 들어서는 바로 알 수 없는 경우가 많고, 한자를 보고 설명/해설을 듣고 나서야 비로소 이해할 수 있는 경우가 많다.

이것은 진보된 개념과 기술(technology)로 진전될수록 심화되는 현상인 것이고, 결국은 무슨 의미인지 명확하게 전달되지 못하는 경우가 많아지게 된다는 것이다. 3차/4차 산업혁명이 진전될수록 우리는 쫓아가기 힘들어지는 것이다. 이러한 현상은 이미 나타나고 있고 갈수록 심화될 수밖에 없는 것이다. 한국어에는 새로운 개념과 기술을 묘사/서술할 수 있는 마땅한 어휘가 당연히 존재할 수 없기 때문이다. 따라서 서양의 선진문물(advanced products)을 수용할 때 한국어는 영어에 비해 언어의 명료성(clarity)이 떨어질 수밖에 없는 것이다. 이 점으로 인해 서양의 문물을 도입할 때 번역상의 혼란이 생기고 쉽게 이해가 안되는 개념의 왜곡이 발생하는 것이다.

하나의 사물과 현상을 지칭하는 영어의 말과 이 말을 번역한 한국어의 말이 동일한 의미와 느낌을 전달하지 못한다면, 번역의 시도는 실패하는 것이다. 번역은 원문이 함축한 의미의 일부분만을 전달하는 문제가 생긴다. 원래의 뜻하는 바의 100%가 아닌 것이다. 50%가 될 수도 10%가 될 수도 있다. 이것이 반복되면 결국은 0%에 수렴(convergent)하게 된다. 그것은 무슨 말인지 도대체 모르겠다고 지나쳐 버리거나 생략해 버리는 어이없는 결말로 다가오는 것이다. 이것이 번역으로 인한 폐해인 것이다. 즉, 소통을 방해하여 의도하지 않은, 예기치 못한 부정적 결말을 가져오는 것이다.

- 그 예기치 못한 결말이 누적되어 어느 날 닥쳐온 불행 중에 하나가 '세월호 침몰'인 것이다. '성수대교 절단', '삼풍백화점 붕괴' 등의 비극적인 참사(tragedy)도 결국은 이러한 결말에 의한 것이다.
- 이러한 사고는 한국인의 욕심으로 인한 비리(corruption)에 의한 사고(accident)가 아닌 것이다. 이것은 번역으로 유발되는 소통의 사각지대에서 발생한 무지(ignorant)가 누적되어 터져 버린 문명의 미스매치(mismatch)인 것이다.
- 더욱 두려운 것은 이것이 현재 진행형(ongoing)이기 때문이다.
- 한국이 현재의 문명을 영위(lead)하기 위해서는 교육 정책을 바꿔야만 한다. 영어문명[EL]을 달성할 수 있게 교육의 목표를 바로잡아야 한다. 현재의 한국어 위주의 교육 정책으로는 현재와 미래의 문명을 제대로 영위할 수 없다.

사전(dictionary)을 보면 영어 한 단어(word)에 대해서 다양한 뜻이 있다. 원어인 영어는 그 개념을 망라하여 쓰인 것이다. 하나의 뜻으로만 딱 정해서 쓰인 것이 아니다. 그러나 번역은 어쩔 수 없이 그중 하나만을 골라 사용하게 된다. 이러한 선택 과정이 길어지게 되면 결국은 전체 글의 메시지가 혼란스럽게 된다. 이러한 번역 글의 결말은 혼란스럽고 이해 안 되고 난해하고 경우에 따라서 전혀 다른 말이 되는 경우도 있다. 그러므로 이러한 현상을 감수하면서 학문/기술을 번역으로 수용하면 그 결말은 없음(nothing)을 지나 학문/기술에 대한 잘못된 선입견을 부추겨 아예 기피하는 역효과로 이어질 수 있는 것이다.

- 그것이 학문/기술에 관한 것이라면 번역을 하여서는 더욱 안 되는 이유이다. 그것은 학문/기술을 망가뜨리는 일이다.
- 이것이 서양 학문을 한국어로 번역/번안하여 동등한 문명을 영위하고자 하는 한국에서 벌어지고 있는 기이(unusual)한 사회 현상의 상당한 근본 원인(root cause)을 제공하는 것이다.
- 이 점이 언어의 기능성(functionality)을 생각하게 하는 중요한 문제라 아니할 수 없는 것이다. 학문/기술에 있어서 영어를 그 자체로 수용하지 않고는 견딜 수 없는 이유이다.

극단적인 예를 들면, 현재의 아프리카의 언어로는 수학/Math을 할 수 없다는 것이다. 마찬가지로 우리의 언어인 한국어로도 안 되는 것이다. 다시 말해 현 수준의 언어 능력으로는 도달할 수 없는 분야가 있고, 또 계속해서 생기는 것이다. 언어는 문명/문화를 대변하는 매체이다. 유사한 문명/문화끼리는 번역을 통해도 무리가 없을 수 있으나, 수준 차이가 나는 문명/문화끼리는 번역으로 통할 수 있는 한계가 있는 것이다. 이점을 무시하고 강행한다면 예측하기 힘든 부작용이 생기는 것이다. 그 부작용이 오늘날 대한민국에 만연된 모순(inconsistency), 비리(corruption), 왜곡(distortion) 등등 비정상적인 현상의 모태(matrix)인 것이다. 그런데 당사자인 우리는 이 점을 자각하지 못하고 있는 것이다. 이것은 마치 스모

그(smog)와 같이 온 나라에 퍼져 있는 것이다. 우리는 일상에서 너무나 흔하게 마주하면서 아예 둔감해진 것이다.

나는 65세가 넘는 인생살이를 통해, 독특하다고 할 수 있는 학력과 4개의 대기업을 포함한 10군데가 넘는 중소 기업체를 전전한 경력을 통해 이러한 현상의 진원지를 비로소 찾아낸 것이다. 이러한 고뇌의 고찰을 본격적으로 시작하게 된 동기는 그야말로 믿을 수 없는 세월호 침몰의 현장인 것이다.

- 우리가 은둔의 나라 부탄(Bhutan)처럼 고유의 문명/문화로만 살아갈 수 있었다면, 오늘날 우리의 걱정/혼란은 생기지 않았을 것이다.

한자/한문은 중국의 글이다. 중국의 문명/문화가 우리를 압도할 때, 우리의 글로 도입하여 사용한, 우리가 숭배한 문명/문화의 전달매체(medium)였다. 우리의 문명/문화는 한자/한문을 바탕으로 하여 이룩되었다. 그런데 서양문물을 받아들이고 있는 현재도 사실상 한자/한문을 사용하여 만들어진 한자어로 영어로 된 서양 문물을 도입하고 있는 것이다. 한국에 도입된 서양 문명의 불일치는 여기에서부터 발아되고 있는 것이다.

한국어는 사상적(ideological)/정치적(political)/문학적(literature) 방면의 다소 추상적인 기술(abstract description)을 하기에는 그런대로 무난하다고 볼 수 있으나, 오늘날 학문(studies)/기술(technology)의 실제적인 기술(realistic description)을 하기에는 상당히 부족하고 곤란한 경우가 너무나 많은 언어인 것이다. 현대 서양 문명의 치밀한 논리를 기술하기에는 어휘가 부족하고, 아무리 최선의 번역을 하려 하여도 의미의 온전한 대칭성을 이룰 수가 없는 것이다. 이로 인해 원래의 글과 말이 품고 있는 모든 의미를 그대로 온전하게 전환하여 전달하지 못하는 것이다. 내가 최선을 다해 번역해 놓은 글도 다시 보면 이해가 안 가는 것이다.

예를 들면, 요즘 서양에서 도입되어 사용하기 시작한 말 중에, 가상현실(virtual reality), 증강현실(augmented reality), 사물인터넷(internet of things) 등이 있다. 위에 예로 든 번역어만 듣고 보아서는 원어인 영어의 개념을 제대로 온전하게 수용하지 못하고 있다. 바로 이해되지도 않으면서, 오류(bias)를 낳는다는 것이다. 물론 영어를 사용하는 입장에서는 바로 이해될 수 있는 낱말(vocabulary)이고 개념이다. 이보다 더 나은 번역을 할 수도 있겠으나, 이것은 번역의 완성도를 문제 삼기 이전에 언어 자체의 문제라는 것이다.

영어로 된 원문과 이를 한글로 된 문장으로 전환시킨 번역문에서 표출되는 메시지(message)의 차이가 만들어 낸 혼란이 어떠한 결말(consequence)을 가져왔는지를 알아야만 하는 것이다.

번역은 문명의 도입단계의 최일선이다. 그러므로 번역의 문제는 문명의 미스매치(mismatch)를 유발하고, 이것은 곧 트러블(trouble)을 의미한다. 그들은 잘하는데 우리는 잘 못한다는 평가는 이러한 트러블을 의미한다.

문명의 산물을 도입하는 과정에서, 겉모양의 하드웨어(hardware)는 똑같은 모델(model)을 도입하여도, 이를 운영하는 소프트웨어(software)는 온전히 이해 못 하여 제 기능을 다 활용하지 못하는 것이다. 이러한 미스매치 현상은 새로운 모델이 나올수록 더 심화될 가능성이 높은 것이다. 왜냐하면 기능이 진전될수록 더 많은 소프트웨어의 텍스트 등장하기 때문이다. 소프트웨어에는 하드웨어를 제대로 동작시키기 위한 참고(reference)/주의(precaution)/제한(limitation)/경고(warning)/요건(requirements)/사용 절차(operating procedure)/보고(report) 등등 한국어로는 도저히 추종/전환하기 힘든 용어가 마구 등장하는 것이다. 결국 골치 아픈 과정을 생략하는 단계에 이르는데, 이러한 부작위적 행위는 반드시 후에 부정적인 결말을 초래하는 대가를 치를 수밖에 없는 것이다. 불필요하게 작성된 텍스트는 없는 것이다. 모두가 운영에 필요한 정보가 기재되어 있는 것이다. 이것이 매뉴얼/보고서의 볼륨(volume)인 것이다. 여기에 기재된 정보를, 영어문맹[EiL]으로 인해, 온전히 읽어 이해하지 못하고 눈치껏/요령껏 넘어가는 게 한국인의 특성이 되어 버린 것이다.

- 이러한 현상이 누적되어 오늘날의 한국병을 불러왔고, 마침내는 풍토병이 되어 토착화된 것이다.
- 3차/4차 산업혁명은 이러한 현상이 아예 발을 부치지 못하게 하는 장벽을 가져올 것이다. 더 이상 통하지 않을 것이다.
- 영어문명[EL]이 안 되는 한국의 산업경제는 침체될 수밖에 없는 것이다. 3차/4차 산업은 창조자가 되지 못하고 구경꾼/소비자가 될 뿐이다.

아마도 이런 나의 주장에 동의하기란 일반적으로 쉽지 않을 것이다. 40여 년 경력의 엔지니어가 한국 사회에서는 독특하다 할 수 있는 학력과 최초의 국산 자동차 개발과 초기의 원자력발전소 건설 운영 등 해외 기술을 도입하는 산업 최전선 현장을 개척한 경험을 바탕으로 찾아낸 각성과 깨달음을 글로써 대중에게 이해시키겠다는 노력도 역시 쉽지 않은 시도(challenge)이다.

그러나 현장에서의 어이없는 해프닝(happening), 세월호 침몰로 대변되는 이 사회의 암적인 야만적인 관습, 교육 현장을 비롯하여 이곳저곳 오만 데서 마주치게 되는 젊은이들의 좌절과 비명은, 결국은 우리 문명의 미성숙으로부터 비롯된 것이고, 그것은 선진 문명의 급속한 도입 과정에서 비롯된, 영어와 한국어라는 언어 간의 비대칭으로 인해, 이 작은 나라에서만 벌어지고 있는 미증유(unprecedented)의 문명 충돌의 후유증(aftermath)인 것이다. 이것이 지금 우리가 처한 딱한 현실 대부분의 근본 원인인 것이다. 지금 이대로 가면 갈수록 우리의 미래는 더욱 암울해질 뿐이다.

- 이러한 현실을 극복할 수 있는 길은 오직 하나이다. 영어문맹[EiL]을 극복해야 하는 것이다. (누군가의) 번역을 통해 정보/지식을 흡수하려고 하지 말고, 영문을 직접 읽고 바로 이해할 수 있게 되어야 한다는 것이다. 사실상 번역을 해 줄 누군가는 존재하지 않는 것이다. 설혹 있다고 해도 신뢰하여서는 안 되는 것이다. 사람의 문제가 아닌 언어 자체의 문제이기 때문이다.

한글은 세계에서 제일 우수한 표음문자이지만, 우리의 말과 글인 한국어는 변방의 작은 나라에서 쓰이는, 배우기가 어렵고 까다로운 쉽지 않은 언어일 뿐이다. 즉, 문자가 우수한 것이지 말과 글, 언어가 우수한 것은 아닌 것이다. 어려운 문법/어법을 가진 언어인 것이다. 우리의 문자인 한글 자랑에 너무 현혹되었든지, 아니면 국가적인 자존감이 도를 지나쳐, 우리가 독자적인 문화를 가진, 아시아의 소국(small country)에 불과하다는 객관적인 현실을 아전인수(self-centered)식으로 오히려 대단한 것으로 치장하고 스스로 도취되어 있는 것이다.

우리의 언어인 한국어는 한국의 문화/문명과 동급인 것이다. 겨우 남북한 합쳐 7,000만의 인구가 쓰고 있는 아시아 대륙에 위치한 변방의 작은 나라의 언어에 불과한 것이다. 이 점이 무엇을 의미하는지를 깨닫고, 현실에서의 유용성(usefulness)을 냉정하게 평가해야 한다.

- 즉, 우리의 언어인 한국어로는 서양의 선진 문명을 온전히 묘사/기술할 수 없는 것이다. 한국어로 하는 학문/기술은 결국 먹통이 되고 마는 것이다.
- 이 말은 한국어로 선진 문명을 영위하려는 것은 설익은 과실을 먹게 된다는 것이다. 결국 선진 문명을 잘 흡수할 수 없다는 뜻이고, 부작용의 위험을 늘 갖고 살아야 한다는 것이다.
- 영어 자체를 배우려 해서는 도저히 영어문명[EL] 상태에 도달할 수 없다. 그러한 오판이 영어문맹[EiL]을 초래하고, 결국은 문명의 미스매치(mismatch)를 가져오는 것이다.

한글을 사용하여 수학(mathematics)/과학(science)을 한다는 것은 무딘 연장을 가지고 목수 일을 하는 것과 같다. 오늘날 곡괭이와 삽을 가지고 건물 지을 터를 닦는 것과 같다. 수학/과학을 배우는 과정에서 등장하는 용어(term)/기술(description)이 너무 이해하기 힘든 것이다. 영어의 용어를 대치하기 위하여 한자를 동원하여 생성되는 수많은 용어는, 그것이 한글로 표현되었다 뿐이지, 원어인 영어 자체보다 몇십 배는 더 이해하기 어려운 개념을 던져 주는 딜레마(dilemma)인 것이다. 그래서 중도에 공부를 포기하는 학생이 속출하는 것이다. 아무리 수를 써 봐야 조삼모사(minor)의 효과밖에 안 날 것이다. 번역으로 인해 발생되는 난해한 과정은 근본적으로 어쩔 수 없기 때문이다.

- 한국은 스스로 파 놓은 함정에 빠진 것이다. 서양의 학문과 기술이 발전할수록 더욱 난감해질 뿐이다.

오늘날 한국어/한글을 사용한다는 것은 한자로 만들어진 한자어의 용어를 사용하는 것과 같다. 어쩌다 출현/사용하는 '시나브로/누리꾼/깔맞춤' 같은 순수한 우리말은 그야말로 희귀한 경우이고 대부분이 용어는 대부분 한자어다. 과학, 경제, 기술, 법률 등 모든 학문과 기술에서 사용하는 용어는 그야말로 어려운 한자어의 집합체이다. 일반인은 이해하기 어려운 용어가 너무 많아, 전문가의 해석을 필요로 하며, 대개의 경우 지레 겁을 먹고, 더 이상의 접근을 망설이거나 포기하게 만든다. 전문가의 해석이라는 것이 더 어려운 경우가 많아 아예 외우게 되며, 이는 곧 논리성을 상실하여 학문의 길을 포기하게 하든지, 아니면 어설픈 돌팔이 학자를 탄생시키는 것이다.

이렇게 어려운 우리의 말과 글/한국어로 오늘날의 서양 학문을 가르친다는 것은 실패할 수밖에 없는 시나리오(scenario)이다. 인내심이 한계에 도달한 학생들의 비명 소리가 도처에서 들린다. 서양의 학문이 발달할수록 성공할 가능성은 자꾸 낮아질 것이며, 교육의 현장은 '국어사랑 나라사랑'이라는 구호 아래 '아름다운 우리말' 사용을 독려하며, 별다른 대책도 없이 학생들에게 무한한 인내심만을 요구할 것이다. 결국에는 교육 본래의 목적과는 어긋나는 또 다른 교육/학문의 변질된 모습으로 수많은 학생들을 정신적인 공황상태로 몰고 갈 것이다.

- 이 글의 필자를 제외한 어느 누구도 이러한 야만의 모습이 어디에서 비롯되고 있는지를 따져 보지 않았을 것이다. 그리고 이 글을 읽는 순간에도 필자의 주장에 쉽게 동조하지 않으리라 본다.

우리의 교육은 나라의 산업화를 이끌어 근대화에 기여한 교육이었다. 그런데 지금의 현대화의 과정에서는 뒤처지는 것으로 드러나고 있다. 경쟁력과 생활 만족도는 갈수록 저하되고 있다. 우리의 언어가 선도할 수 있는 한계까지 도달한 것이다. 이제 논리적이지 못하고 어렵기만 한 현재의 한국어를 사용하여, 계속해서 전진하는 선진 문명을 배우고 경쟁해 나갈 수 있다는 생각을 바꿔야만 한다. 국한(isolated)된 지역에서 몇 안 되는 사람들이 쓰는 이질적 언어를 가지고, 날로 진화하는 현대 문명을 이끌고 있는, 수십억의 인구가 사용하는 선진 문명의 언어를 더 이상 감당해 낼 수 없는 것이다. 이미 능력의 한계를 넘어선 것이다.

- 우리의 말과 글을 사랑하고 갈고 닦는다고 도달할 수 있는 그런 차원의 경지가 아닌 것이다.
- 온 나라가 불행해지고 있는 것이다. 제일 먼저 젊은이가 무기력해져 버렸고, 그로 인해 가족이 붕괴되고 있으며, 사회가 분열되고 결국은 나라가 가라앉고 있는 것이다.
- 변화를 추구했어야 할 순간이 한참 지나가고 있는 것이다. 그러나 한국인은 무엇을 어떻게 바꾸어야 하는지, 무엇을 개혁하여야 하는지를 깨닫지 못하고 있는 것이다. 안 되는 것을 되게 하라는 주문만 넘쳐 나는 것이다.

아프리카의 언어로 현대 문명을 구현할 수 없듯이, 우리의 언어로도 구현할 수 없는 한계에 도달한 것이다. 이 점을 인정하여야 한다. 서양 문물을 우리의 언어로 온전히 묘사할 수 없다는 것이다. 번역을 한다는 것은 물동이의 물을 바가지로 옮겨 담는 격이다. 옮겨 담는 과정에서 원래의 뜻이 누수(leak)되고 그 안에 같이 담겨 있었던 논리가 상실되는 것이다. 학문/기술이 살아서 움직여야 문명이 제 기능을 발휘하는 것인데, 논리가 상실된 학문/기술은 응용될 수 없는 박제(stuff)가 되어 먹통으로 전락하는 것이다.

- 번역은 짧은 기간에 단편적인 퍼포먼스를 행할 때만 유용한 수단이다.
- 번역/번안을 통해서는 긴 과정의 학문/기술을 수용할 수 없다. 수준 미달의 '빛 좋은 개살구' 모양이 되기 십상이고, 그로 인해 예측하기 힘

든 부정적인 결말을 품고 있는 것이다.

어려운 용어를 사용하여, 수학과 과학 등 서양 학문을 한글로 전환하여 기술하고, 기성세대에게도 이해하기 어려운 설명을 통해 교육시키는 행위는 어린 학생들을 정신적으로 힘들게 하는 것이다. 공부는 학문을 배우는 즐거움인데, 우리의 학생들은 배우면 배울수록 어려움이 가중되는 것이다. 이를 벗어나기 위한 몸부림으로 시험성적 향상을 위한 암기 위주의 학습 요령의 꼼수가 난무하게 되고, 결과적으로 학문의 길에 본격적으로 들어서기도 전에 학문의 문턱에서 종말을 맞이하는 것이다.

배우는 목적은 유용하게 사용하기 위함이다. 우리에게 유용하게 사용한다는 것은 대외적 경제활동을 위해, 한글로 배운 것을 다시 영어로 표현하는 것이다. 그러므로 결국은 다시 원래의 영어로 전환해야 하는데, 이 같은 역으로의 과정은 사실상 성립될 수 없는 것이다. 여기에서 등장하는 것이 소위 콩글리쉬 영어인 것이다. 이것이 비비 꼬아 놓은 난해한 우리의 교육 현장이고, 더 나아가서는 비리와 모순이 곳곳에 산재할 수밖에 없는 이 사회의 경제활동의 복병인 것이다.

- 언제까지 우매하고 비효율적인 이러한 프로세스(process)를 고집할 것인가?
- 자승자박(cumbersome)의 행위라 함은 이러한 행태를 두고 하는 말이 아닐까?
- 우리는 '국어사랑'이라는 명분에 과도하게 집착하여 스스로를 힘들게

하고, 결국은 학생을 비롯한 모두를 망치고 있는 것이다.

이러한 과정은 한마디로 우매한 짓이다. 깨닫지 못해서 벌어지고 있는 자아도취(self-satisfied)적 자기학대(self-abuse)라고 말할 수 있는 것이다. 무엇을 위하여 우리는 아이들에게 고통을 주고, 국가적으로는 어마어마한 혼란/손실을 감내하는 것인가? '국어사랑, 나라사랑'이란 하나의 실속도 없고, 실효성도 없는 허울 좋은 구호를 위해서인가?

- 죽은 세종대왕을 기쁘게 하기 위해 오늘을 살아야 하는 젊은이들에게 고통을 강요하고 있는 것이 아닌가?

이제는 중국도 사용하는 데 불편하여, 사용하지 않거나 간략하게 만들어 쓰는 문자가 많은데, 이렇게 만들어진 문자를 단지 한글로 표기한다고 해서 쉬운 언어가 되는 것은 아니다. 중국의 경우는 각 문자마다 고유의 발음(pronunciation)을 가지고 있으나, 우리의 경우는 동음이의어(homonym), 즉 같은 발음을 가진 한자가 너무나 많아 혼란을 초래하고, 이해가 안 가는 말도 속출하는 것이다. 명확한 메시지 전달을 위해 한자를 어느 정도까지 병기(denote together)하여야 할 것인가라는 고민을 낳게 하는 것이다.

- 동음이의어가 많다는 것은 언어의 소통 기능을 약화시키는 치명적인 약점이다. 이것이 많다는 것은 다양한 표현력을 갖추지 못했다는 증거이고, 각각의 구별을 위해 한문을 병기하지 않을 수 없는 것이다.

언어와 문명은 뗄 수가 없는 관계이다. 즉 언어가 문명이고, 문명이 언어이다. 언어가 문명의 발전을 저해해서는, 우리의 처지와 국가의 발전을 곤경에 빠트리게 해서는, 그 본연의 목적과 상반된 결과를 낳게 되는 것이다.

- 그런데 서양 문명을 도입하여야 하는 언어 매체로써의 한국어/한글의 사용이 우리를 불행한 트랩(trap)에 빠트리고 마는 것이다. 우리 사회를 혼란스럽게 하고 있는 것이다.

한국어로 오늘날의 학문/기술을 구현하기에는 논리성이 결여되어 갑갑한 경우가 많다. 전문적인 영역으로 들어가면 대부분의 용어가 한자어로 기술되기 때문에, 설명이 매끄럽지 않고 투박해지기 때문이다. 이런 기술을 읽으면 경험자는 전후 사정을 따져 무슨 말인지를 대충 짐작할 수는 있으나, 초보자는 자연스럽게 이해하기 힘들다. 누구에겐가 보충 설명을 들어야 한다는 것은 당사자의 자질 문제가 아니라, 사실상 언어 자체의 문제인 것이다.

이러한 애로가 쌓여서 큰 장애물이 되어 기술력의 저급화로 이어지고, 결국은 국가경쟁력 저하라는 결말까지 가져오는 것이다. 이러한 문제는 일반적으로 알아채기 힘든 전문 영역에 속할 수 있어, 문제가 쉽게 드러나지 않으며, 객관적으로 알아채기도 힘든 것이다. 이러한 현상은 곧 이 사회가 스스로의 비판적 시각을 갖지 못하는 미성숙의 사회일 수밖에 없다는 것이고, 사고(accidents)를 사전 예방하는 기능이 작동되기 힘들다는 사회라는 것이다. 이것이 우리만의 독자적 고유 언어인 한국어로 선진 문명을 도입하여 독자적인 문명을 펼칠 때 잉태되는 위험인 것이다. 오늘날 우리는 이러한 위험을 감수해야 하는 불안한 경계에 서 있는 것이다.

- 이러한 위험으로 인해 이미 수많은 사고를 겪었고, 지금 이 순간도 잠재적으로 진행 중인 것이다.

서양의 학문인 수학/Math의 경우는 왜 이슈가 되지 않는 것인가? 그것은 수학을 한국어와 영어로 동시에 배워 보고 비교하지 않아서 눈치 채지 못한 것이다. 그러나 오늘날의 수많은 수학 포기자(수포자)들이 그것을 대변해 주고 있는 것이다. 필자가 직접 겪게 된 난해한 한국어의 K-수학과 논리적인 영어의 Math에서 비롯된 괴리감이 이 글을 쓰고자 하는 하나의 모티브(motive)로 작용한 것이다. 한국어로 된 난해한 K-수학을 공부하는 노고를 감수해야만 하는 우리 한국인들은 모두 말 못 할 수포자이다. 초중고 교과 과정에서 한글로 된 수학인 K-수학의 학습을 고집하는 한 한국은 영원히 수학/Math이라는 학문의 이방인(stranger)이 되고 마는 것이다.

영어는 바로 듣고 바로 이해할 수 있는 이 시대 최고의 뛰어난 언어이다. 논리적인 기술을 용이하게 할 수 있게 다양한 어휘(vocabulary)를 가졌고, 배우기도 쉽고 사용하기도 쉬운 언어이다. 반면 우리의 언어는 사상적인 면에 치우쳐 있지, 결코 논리적인 귀결을 추구할 수 있는 세밀한 언어가 아니다. 영어로 성립된 논리의 학문인 mathematics(수학)을 한국어로 전환하여 가르치고자 함으로써 수학도 못하고, 영어도 못하는 영어 문맹[EiL]에 갇힌 것이다. 수학을 못한다는 현상은 단지 수학에 그치는 것이 아니라, 수학을 응용하는 현대의 모든 학문을 그르치는 결과를 가져오는 것이고, 영어를 해독하지 못하는 영어문맹[EiL]에 갇혔다는 것은 모든 학문을 일찌감치 포기하게 만드는 것이다.

- 영어는 최고의 문명을 떠받치고 있는 언어이다. 최고의 학문과 기술을 창조해 내고, 선도하고 있는 언어이다.
- 우리의 조상이 한문을 통해 중국의 문물을 흡수하였듯이, 우리는 영문을 통해 서양의 문물을 흡수하여야 한다.
- 언어를 통해 새로운 지식/문물을 흡수하여야 하는데, 우리는 우매하게 언어 자체를 배우는 데 시간을 다 소모하고 마는 함정에 빠져 있다.
- 중국에서 도래한 문물인 한자어를 가지고 서양의 문물을 수용하는 것은, 서양에서 들여온 하드웨어(hardware)를 동양의 소프트웨어(software)로 이해하고 운영하려는 것으로, 원천적으로 불가능한 어리석은 시도인 것이다.
- 시간이 갈수록 선진국으로 도약하고 싶은 우리의 발목을 잡을 것이고, 다음 세대에게 끝없는 무력감을 심어 주게 될 것이다. 이미 대한민국은 이러한 함정에 빠져 고통을 당하고 있는 상태이다.

우리는 고유의 한국어를 사용하여 서양의 문물을 흡수하여 지식을 늘리고 있다. 그리고 영어도 배우고 있다. 그러나 효과가 미진하다. 지식도 잘 흡수 못하고, 영어도 잘 못한다. 사실상 한국어로 전환된 서양의 지식은 글로벌 세상에서는 지식이 될 수 없다. 그것은 좁은 한반도에서 지엽적/제한적으로 유통되는, 주로 시험문제를 맞출 때나 필요한 지식이 될 뿐, 이 세상을 살아가는 데 유용한 지식이 못 되는 것이다. 영어문명[EL] 상태에 도달하여야 영어를 배웠다고 할 수 있는데, 우리의 영어 학습은 인위적이고 제한적인 시험을 통과하는 데 초점이 맞춰져 있는 것이다. 이것은 크게 잘못된 인식이고 교육 정책인 것이다.

- 영어라는 언어 자체를 따로 배워서는 도저히 영어문명[EL] 상태에 도달할 수 없는 것이고, 한국어로 전환된 서양의 지식은 배우기만 어렵고 별 쓸모도 없는 일방적으로 강요되는 우물 안 지식일 뿐이다.

우리 민족의 문화를 창달하고자 하는 것과 우리의 언어를 고수하는 것이 병행돼야 하는 것은 아니다. 사회 구성원이 행복해지지 않으면 문화의 창달이 될 수 없으며, 아무 소용이 없는 헛된 구호가 될 뿐이다. 이대로 가면 갈수록 우리의 처지는 원인을 알 수 없는 곤경에 처하게 될 뿐이다.

특정된 언어인 영어를 사용하여 일관성/논리성 있게 기술하여 완성된 현대문명 최고의 학문/기술을, 일관성/논리성이 결여된 한국어를 사용하여 번역/번안하여 가르치고 배우려고 시도하는 것은 불가능한 일이고, 또한 어리석기도 하다는 것을 깨닫는 것은 쉬운 일이 아닌 것이다. 이러한 시도를 문명의 도입을 위한 시도라고 할 수 있는데, 그 문명의 언어를 통하지 않고서는 온전히 도입할 수 없다는 당연한 진실을 외면하고 있는 것이다.

- 즉 조선 시대에는 한문(Chinese literacy)을 통해 중화 문명(Chinese civilization)의 선진문물을 도입(import)하였듯이 현재의 대한민국은 영문(English literacy)을 통해 서양 문명(western civilization)의 선진 문물을 도입하여야만 하는 것이다.

이것은 중학교 시절에 완벽하게 잘하던 수학을 고등(high degree) 수학으로 진도가 올라갈수록 터득할 수 없게 되어, 항상 아쉬움과 의문을 가지고 살았던 필자가, 60세가 되어서야 영어문명의 세계를 비로소 온전하게 이해하게 되면서, 다시 영어로 기술된 텍스트로 Math/수학을 공부하는 과정에서 깨닫게 된 만시지탄(too late to do)/경천동지(world-shaking)의 깨달음인 것이다.

나는 그동안 번역/번안의 함정에 완벽히 갇혀 있었던 셈이었다. 정보기술의 발전으로 인한 오늘날의 인터넷 세상이 나에게 정보를 제공해 준 셈이다. 무지(ignorance)의 덫에서 꺼내 준 것이다. 일반적인 은퇴 나이인 60세를 넘기고 나서야 비로소 깨닫게 되었다. 그러고 보니 그 정도가 다르지만 이와 비슷한 여러 가지 경우가 벌어졌었고 지금도 대한민국 곳곳에서 진행 중인 것이다. 우리의 교육 현장이 그 정도가 제일 심하게 벌어지는 곳이다. 사실상 모든 출발의 시발점이자 진앙지인 것이다. 우리 아이들의 소리 없는 비명이 들리는 곳이다.

- 왜 그들에게 고통을 주고 있는 것일까?

기성세대로서 책임감을 느끼지 않을 수 없는 것이다. 지금 우리의 교육 현장에서는 어떤 일이 벌어지고 있는가? 교사가 학생들을 열심히 좁은 우물 안에 가두고 있는 것이다. 번역/번안의 지식으로 무장한 교사들은 그들만의 논리로 학생들을 열심히 옭아매고 있고, 학생들은 그들의 세계에서는 특히나 더 어려운 한자어로 이루어진 그 논리성이 좀체 이해가 안 되지만, 다른 선택의 여지가 없는 현실에서 두뇌의 용량을 최대한 끌어올리고 있는 것이다. 그러다가 결국은 모래 위에 쌓아 올린 탑이 무너지듯이 생각/사고의 논리성이 헝클어지면서 두뇌 작용이 정지되어 수학 포기자가 되고 더 나아가 학업 포기자로 전락하는 것이다.

공부를 안 해서, 공부를 못해서 그런 것이 아니라, 논리적이지 못한 어려운 언어로 가르쳐서 그런 것이라는 사실을 아무도 깨닫지 못하고 또한 인정 안 하는 것이다. 다만 수학(mathematics)은 어려운 학문이라고 자위(self-console)하는 것이다. 수학은 제일 논리적이라 이해하기 쉽고, 재미있고, 또 모든 학문의 기초가 된다는 사실을 그들은 앵무새처럼 말만 앞세우고 증명해 내지는 못하는 것이다. 과학(science)도 포기하는 학생들이 생기듯, 결국은 논리가 작용해야 이해가 되는 학문/기술엔 모두 문제가 생기는 것이다.

한국어로 소개되는 모든 학문/기술은 박제가 될 수밖에 없는 숙명을 안고 오늘도 새로운 개념/기술이 누군가의 번역/번안의 행위를 통해 입양되고 있는 것이다.

- 문명의 미스매치(mismatch)로 인한 혼란/고통을 겪으면서, 우리는 한국인의 못난 근성으로 자책하는 것이다. 그것이 무엇 때문에 비롯된 것인 줄을 모른 채 한국인의 그릇된 특성으로 치부하는 것이다.
- 한국 문화의 아킬레스건인 한국병은 도입된 문명의 미스매치로 인해 생성된 것이다.
- 영어문명[EL] 능력을 갖춰야 문명의 미스매치로 인한 불행한 사고와 우울한 사회현상을 잠재울 수 있을 것이다.

오늘날 한국어로 된 학문/기술은 먹통의 우물 안 지식에 불과하다

21세기 문명의 소프트웨어(software)는 영어이다

- 영어문명[EL]; English Literacy: 이 말은 영어로 쓰인 학문/기술의 텍스트를 읽을 수 있는 상태를 말한다.
- 영어문맹[EiL]; English illiteracy: 이 말은 영어로 쓰인 학문/기술의 텍스트를 읽을 수 없는 상태를 말한다.

번역을 한다는 것은 서로 다른 문화(culture)를 연결하는 것으로 쉬운 작업이 아니다. 비교적 인접한 지역의 유사한 문명권에서 이루어지는 번역은 사소한 에러(error)만을 유발할 수 있으나, 멀리 떨어진 문명권에서 유입된 문물을 번역한다는 것은 상당한 이질감을 가진 타 문화권의 언어를 자기의 언어로 전환한다는 것으로, 상당히 번역자(translator) 개인의 주관적(subjective)인 생각이 반영될 수밖에 없는 행위이다. 더욱이 그것이 학문과 기술에 관한 것이라면, 번역자가 의도하지 않은, 그리고 알 수도 없는 후유증(aftereffects)과 위험성(dangers)을 내포(pregnant)한 행위가 될 가능성이 높은 것이다. 그러므로 학문/기술에 있어서의 번역은 해서는 안 될 행위(performance)인 것이다. 그런데 작은 문화권의 소국(small country) 대한민국에서는 거침없는 번역 행위가 벌어지고 있는 것이다. 영어라는 선진 문명의 절대적 지위에 있는 언어에 대해 피상적(superficial)인 이해만을 가진 사람들이 영어사전(English dictionary)에 의지해서, 그러나 소신껏 대칭(symmetric)되는 한국어를 임의(arbitrarily)로 만들어 번역해 놓은 학문(studies)/기술(technology)을 온 나라가 떠받들고 있는 모습은 아찔한 서커스(circus)를 보듯이 위태로운 형상(status)인 것이다. 한마디로 한 국가의 전체적인 무지(ignorance)를 보고 있는 것이다.

현재 우리가 현장에서 잘못 사용하고 있는 몇 가지 용어(terminology)를 예로 들어 번역을 통해서 전달되는 말의 왜곡(biased)된 실태를 살펴보고자 한다.

원자력 산업과 원자력 법령에서 잘못 사용되고 있는 몇 개의 용어를 말로 다음과 같은 용어가 있다.

Engineered Safety Features(ESF, '공학적안전설비'라고 번역됨): 원전을 건설 운영할 때, 방사능 누출 등 원전의 특징적인 위험으로부터 벗어나기 위해 어떠한 안전조치를 강화하였는가를 일컫는 말로, 원자력안전법 시행규칙에서 규정한 '예비/최종 안전성분석보고서'에 기재하여야 할 18개 항목 중 하나이다. (출처; 참고)

이것은 '안전강화특성(安全强化特性, 일본에서 쓰는 용어)'으로 번역하여 사용하여야, 본래의 취지인 미국원자력규제위원회(USNRC)의 규제 지침이 요구하는 방향과 일치하나, 본래의 의도와는 사뭇 다른 의미를 지닌 '공학적안전설비(工學的安全設備)'라는 용어로 전환하여 사용함으로써, 본의 아니게 한국만이 사용하는 용어가 되었고, 그 기술되는 목적과 내용도 번역된 본 제목에 갖다 맞추는 왜곡된 형태로 전환되었다. 이러한 원전(nuclear power plant) 설계개념(design concept)상의 불일치(mismatch)는 곧 안전(safety)이 왜곡(distorted)되고 있다는 부정적 결말(negative consequence)로 결론지어지는 것이다.

- 원자력 산업에 입문하여 '공학적안전설비'라는 용어를 처음 접하고 나서부터 그 개념이 확실히 이해가 안 되어, 이 용어의 근원지를 추적하고 오류를 찾아내는 데까지 무려 20년이 넘게 세월이 흘렀다. 만일 정보통신기술(Information and Communication Technology)에 의한 인터넷(internet) 세상이 도래하지 않았다면 이마저도 가능하지 않았을 것이다.

공학(engineering)으로 설계되고 건설된 플랜트설비(plant facilities)에서 공학적(工學的)이라는 말은 특별한 의미를 가질 수 없는 무의미한 말이다. 'engineered'라는 말은 '강화(强化)된'이라는 뜻을 가진 말이다. 이것을 '기계(mechanical)/전기(electrical)/건축(architecture) 등의 공학(工學)을 지칭할 때 쓰는 'engineering'이라는 말을 연상케 하는 '공학적'이라는 말로 번역하였다. 사실상 engineering이라는 말도 어떤 대상을 강화하는 행위를 지칭할 때 쓰는 말이다. 기계/전기/건축/경제/사회/교통 등등으로 구별되는 분야(field)에서 요구되는 제반 사항을 만족시키기 위한 행위로, applied mathematics(응용 수학)을 통한 수학적 계산(mathematical calculation)을 하여, 이를 산출(calculate)하고 적용하게 된다. 우리가 이를 '공학(工學)'이라고 통칭하지만 이 말이 엔지니어링(engineering)이라는 말의 의미를 충분히 전달하고 있는 것은 아니다. 그러나 한국어로는 그보다 더 적절한 말이 없으므로 그대로 사용하는 것이다.

- 이것이 원어인 영어를 그대로 써야만 하는 이유이다. 이것은 망설일 것도 없는 최선의 선택이다. 영어와 한국어를 완벽히 알지 못하는 대다수의 사람이 나름대로의 소신으로 번역된 용어를 만들어 내어, 의도하지는 않았겠지만, 본래의 의미를 자꾸만 왜곡하는 것이다. 한글을 사랑하는 마음일지 몰라도, 결과적으로 글을 읽게 될 누군가를 혼란스럽게 만드는 바람직하지 않은 행위인 것이다.

'features'는 '조치/특성/대책'의 뜻을 가진 어떤 개념/상징을 아우르는 말인데, 이것을 '설비(영어에 'facilities'에 해당되는 말)'라는 실제적인 형상을 가진 개체를 지칭하는 용어로 사용함으로써, 이후로 이 용어를 연상해서 전개되는 모든 기술 내용이, 미국 규제법안의 본래 목적인, 건설하고자 하는 원자력발전소의 '안전강화조치'에 따르는 설계 개념과 이를 현장에 적용하여 실현시켜야 할 조치에 대해 기술하지 않고, 한국만의 '공학적 안전설비'라는 설비를 작위(arbitrarily)적으로 한정하고 이에 대해 일방적으로 기술하고 있는 것이다. 도입 단계에서는 잘 몰라서 약간 방향을 틀어 놓았지만, 이후에도 오역(mistranslate)된 것을 계속 사용함으로써, 다음 세대는 이 오역된 말을 기준으로 하여 본래 취지에 맞지 않는 엉뚱한 방향으로 '조치(action)'가 아닌 '설비(facility)'에 대해 초점을 맞춰 지속적으로 기술하고 있는 것이다. 한마디로 논리가 맞지 않는 방향으로 기술이 왜곡되는 것이다. 이것은 안전 개념이 원래의 의도와는 일치되지 않는 방향으로 흘러감으로써 안전(safety)을 저하(degrade)시키는 결과(results)를 가져오는 것이다.

'Engineered Safety Features'란 일반적인 발전소(conventional power plants)와는 다른 원자력발전소 특유의 위험성을 고려하여, 안전성을 높이는, 어떠한 특성의 설계를 반영(introduced)하였는가에 대한 기술이며, 핵연료 손상(fuel damage)을 방지하기 위한 대책(countermeasures), 방사능물질(radioactive material)/방사선피폭(radiation exposure) 등을 안전하게 관리하기 위하여 강화된 제반 안전 대책을 모두 아우르는 용어로서, 특정된 설비가 아닌 원자력발전소설비 전체에 반영된 안전조치 특성을 지칭하는 용어이다.

- 위와 같은 현상은 번역에 의해 초래되는 왜곡된 개념이, 번역에 의해 전파되는 기술 기준을 자의적(arbitrary)으로 변경시킬 수 있다는 예로, 진행될수록 예상치 않은 곤란한 문제를 초래하게 될 것이다. 이러한 번역의 왜곡으로 인하여 생기는 후유증은 좀처럼 드러나기 힘들다는 것이 또한 상당히 위험한 속성(attributes)인 것이다. 누가 이것을 추적해서 밝혀낼 것인가?
- 이러한 왜곡을 바로잡을 누군가는 대한민국에 없다는 것이 우리의 현실이고, 결론적으로 번역을 하지 말아야 한다는 당위성이다. 이대로 간다면 대한민국의 기술력은 점점 더 사상누각(a house of cards)을

쌓아 올리는 꼴이 될 뿐이다.

원자력안전법 시행규칙

제4조(건설 허가의 신청)
③
6. 다음 각 목의 계통 등의 공학적 안전설비 등에 관한 사항
가. 공학적 안전 계통
나. 격납 계통
다. 비상 노심 냉각 계통
라. 제어실 안전보장 계통
마. 핵분열생성물의 제거 및 제어 계통
바. 주증기 계통의 격리밸브 누설 제어 계통
사. 가목부터 바목까지에 대한 가동 중의 검사

(출처; 원자력안전법 시행규칙, 제4조, ③ 6)

Pre-service Test/Pre-service Inspection, In-service Test/In-service Inspection['가동전(稼動前)시험/가동전검사, 가동중(稼動中)시험/가동중검사'로 번역됨]: 펌프(pump)/밸브(valve)/모터(motor)/배관(piping) 등 원전의 모든 기기(component)는 사용하기 전에 시험(test)/검사(inspection)를 실시하여 성능(function)에 이상이 없을 시에만 사용하게 된다. 또한 사용 중에는 규정된 시간 안에 시험/검사를 실시하여야 한다. 이것은 발전소의 운전(operation)/가동(power operation)/정지(shutdown) 상태에 따라서 요구되는 시간 간격으로 기기의 건전성(integrity)/사용가능성(operability)이 확인되어야 한다는 규정이다. 따라

서 이 말은 '사용전(使用前)시험/사용전검사, 사용중(使用中)시험/사용중검사'라고 하여야 논리에 맞는 말인 것이다. 즉, 작은 밸브 하나도 보수(maintenance)를 수행한 후에는 반드시 '사용전시험/사용전검사'를 수행하여야 하는 건데, 이를 '가동전시험/가동전검사'라고 지칭하는 것은, 발전소 전체 설비(overall plant facilities)를 운전해야 하는 가동(plant power operation)을 연상케 하여 오해를 불러올 여지가 있는, 논리에 맞지 않게 잘못 사용되고 있는 용어인 것이다.

- 위와 같은 현상은 비논리적(illogical)인 용어를 계속 사용케 하여, 논리적인 사고력의 성장을 방해하고, 전체적인 기술 수준의 답보/저하를 가져오게 하는 것이고, 오해(misunderstanding)/착각(mistake)으로 인한 사고(trouble)를 유발하고, 행정상(administration)의 불일치(mismatch)를 불러올 여지를 내포하게 하는 것이다.

그런데 이러한 용어를 일단 사용하기 시작하면 고치는 것이 쉽지 않은 것이다. 40년이 넘게 지났지만 고칠 생각 없이 계속 사용하고 있는 것이다. 이러한 용어/말들이 한둘이 아니다. 특히 원자력안전법령은 이러한 것들의 집합체이다. 이러한 현상은 본 법령의 특성상 기술(description)에 요하는 말들이 대부분 번역되어 사용되는, 즉 외래(foreign)된 말(words)/용어(term)로 이루어질 수밖에 없기 때문이다.

이것을 방치한다는 것은 말/용어 하나하나의 논리성을 포기하는 것으로 결국은 전체적인 기술력(technology)의 엉성함을 보여 주는 것으로, 사상누각(a house built on the sand)의 기술력을 자랑하다가, 결국은 국가적인 손실/낭패를 가져올 결말을 초래할 것이다.

- 작은 문명의 언어로 거대한 문명의 언어를 대치하는 '무모한(reckless) 행위'가 안고 있는 커다란 위험요소(risk factor)인 것이다.
- 이러한 무모함이 '세월호의 침몰'이라는 비극(tragedy)의 현장에 숨어 있는 '판도라의 얼굴(Pandora's figure)'인 것이다.

경제학 논리에서 'indifference curve'라는 것이 있다. 이를 '무차별곡선(無差別曲線)'이라고 번역하여 기술하고 있다. 이것은 원어(original word)의 개념을 왜곡하는 번역의 어쩔 수 없는 모양새이다. 'Indifference'는 '무관심(無關心)한'이라는 말인데 이것을 '차별이 없다'라는 뜻의 '무차별'이라고 한다면 같은 개념인 것 같기도 하지만 실제 의미는 상당히 다르다. '무차별'이라는 말은 '차별을 두지 않는다'는 의미를 지닌다. 이것이 어찌하여 같은 말이라고 할 수 있는가? '무관심 곡선(無關心 曲線)'이라 하는 것이, 경제학 논리상 원래의 개념(original concept)에 더 가까운 말일 수 있을 것이다. 그렇지만 둘 다 원래의 개념을 왜곡(misleading)하는 말이 될 뿐이다.

- 그러므로 원어인 'indifference curve'란 용어를 그대로 사용하는 것이 당연히 최선의 방책(policy)이다. 무엇 때문에 번역을 하여 원래의 용어가 품고 있는 논리를 조금이라도 왜곡하려 하는가? '무차별곡선'이라는 말은 이해되기 쉽고 'indifference curve'란 말은 이해되기 어려운 말이란 것인가?

- 한마디로 타인을 경시하고, 자신을 과시하려는 어리석은 생각(nonsense) 일 뿐이고, 결과적으로는 학문의 논리를 증발시켜 먹통의 학문을 만드는 야만의 행위가 되는 것이다.

이런 식의 용어들이 경제학 이론에서 수십/수백 개가 등장하는데, 이러한 용어들이 전체적인 논리를 끌고 가게 되는 '누군가가 해 준' 번역을 통한 학문의 성취는 결국에는 미미(insignificant)한 것이 되고 말 것이다. 결과적으로 타인의 귀한 시간을 앗아 가고, 도약(leap)할 기회를 차단하는 파렴치(shameless)한 행위가 되고 마는 것이며, 국가적으로는 미개한(underdeveloped) 상태에 머무르게 되는 암초(trap)인 것이다.

- 잘못된 지식을 갖는 것보다는 차라리 지금은 모르는 상태가 백배는 더 나은 것이다. 엉뚱한 벽에 갇힌 것보다 밀림(jungle)을 헤쳐 나갈 수 있는 기회(opportunity)를 가질 수 있는 것이다.
- 학문을 성취하려는 학구열(desire to learn)과 그에 따르는 희열(delight)을 앗아가는 교각살우(a deadly effect of a good intention)의 행위이다.

여기서는 용어만을 예로 들었으나 서술적인 부분에 있어서도 똑같은 현상이 발생할 수밖에 없다. 이것은 단편적으로는 번역가의 문제이지만, 근본적으로는 번역되는 언어인 한국어에서 비롯되는 문제인 것이다.

이러한 현상은 애초에 번역을 통해서 우리의 학문(studies)/기술(technology)을 완성할 수 있을 거라는 정책에서 비롯된 것으로, 갈수록 그 현상이 심화될 것이다. 이것을 바로잡는 길은 일단 용어에 대한 번역을 멈추는 일이다. 한자(Chinese character)를 동원하여, 계속 새로운 용어(vocabulary/terminology)를 만들어 가며, '이 말이 그 말이다' 하면서, 한국만의 학문/기술을 진전시키겠다는 의도를 접어야 하는 것이다. 한자를 사용하여 계속해서 신조어(neologism)를 만들어 쓰지 말고 원어인 영어를 그대로 쓰는 것이다. 이미 사용되고 있는 용어도 본래의 영어로 기재하는 것이다.

본 글에 수록된 'K-수학은 왜 엉터리 수학인가? 수학은 영어의 개념으로 쓰여진 학문이다. 한국어로는 수학논리를 설명/이해할 수 없다' 편에서, 수학(mathematics)이라는 학문을 도저히 이해할 수 없게 만드는, 한국어로 번역/번안된 용어들에 대해 기술하고 있다. 학생이 수학이라는 학문을 포기할 수밖에 없는 이유는 한국어로 전환(transfer)되면서 영어라는 언어(language)가 품고 있는 고유(unique)의 서술적 논리(narrative logic)를 증발시켜 더 이상 이해하기 힘들고, 진전할 수도 없는, 박제(stuffed)화된 한국식(Korean style) 수학, 즉 'K-수학'을 선진 문명의 'mathematics(Math)'하고 똑같다고 주장하고 이를 교육을 통해 강요하는 데 있는 것이다.

- 한국어는 거대한 선진 문명을 이룩한 언어인 영어를 수용할 수 없는, 작은 문명의 언어일 뿐이라는 현실(reality)을 깨닫지 못하는 현상인 것이다.
- 아프리카 언어로 수학을 설명한다면 당연히 이해가 안 될 것이라고 생각하듯이, 한국어는 그보다 나을지 몰라도 여전히 안 되는 것이다.

역사적 지리적 배경이 완전히 동떨어진 문화에서 이룩한 문명의 최고 학문이, 낯선 지역의 토착의 언어로써 어찌 설명이 되겠는가?

- 'arithmetic(산수)'까지는 무난할지라도 'algebra(대수)', 'geometry(기하)', 'calculus(미적분)'으로 이어지는 mathematics(수학)의 개념은 한국어로 도저히 논리 있게 설명할 수 없는 것이다.
- 대한민국에는 존재하지도 않았던 개념의 학문/기술을 한국어로 기술(describe)하여 가르치려는 것 자체가 무리한 시도이고 억지인 것이다.

영어는 기술하기 어려운 분야도 서술적(predicative)으로 이해가 되도록, 논리적으로 기초적인 개념으로부터 시작하여 점차적으로 결론에 도달하게끔 연관적인 논리로 기술한다. 그러므로 전체적인 이해가 무리 없이 자연스럽게 진행된다. 그런데 이러한 영문을 한글로 번역해 놓으면 논리적이고, 순차적(sequential)인 기술이 안 되고, 영어의 말 하나하나를 독자적으로 번역해 놓은 이해하기 힘든 기술로 바뀐다. 즉, 글의 논리가 사라지는 것이다. 번역자의 능력에 따라서 다소 차이가 있을 수 있겠지만, 결과적인 면에 있어서는 대동소이(virtually identical)하다고 볼 수밖에 없다.

번역은 원문의 의미의 일부분만을 전달하게 되는 문제가 생긴다. 원래의 뜻하는 바의 100%가 아닌 것이다. 90%가 될 수도 50%가 될 수도 있다. 이것이 번역의 본질이고 숙명이다. 이것이 쌓이고 쌓이면 결국은 무(zero)에 가까이 수렴하게 되어 먹통 현상이 발생된다. 그것은 '무슨 말인지 확실히 모르겠다' 하는 부정적인 결말로 다가오는 것이다.

흔히 번역을 하고 나면, 한글의 문장이 영어 문장에 비해 훨씬 짧게 끝난다. 예전에는 이 현상이 한글의 우수성이라고 잘못 생각한 적도 있었다. 영어의 다양한 기술/묘사 방법에 눈뜬 지금은, 문명의 수준 차이에서 오는 어쩔 수 없는 현상이라고 인정할 수밖에 없게 되었고, 번역으로는 이질적(foreign)인 문명/문화의 개념을 온전하게 전달할 수 없다는 것을 깨닫게 되었다.

- 결국은 짧아진 만큼 원래의 의미가 상실/휘발된 것이다. 의미 전달의 편차(bias)가 발생할 수밖에 없는 것이고, 그만큼 이해하기가 곤란해진 것이라고 단정할 수 있다.
- 세계인이 애용하는 인터넷 백과사전(Encyclopedia)인 위키피디아(Wikipedia)를 보면 영어로 된 'Wikipedia'의 내용은 그야말로 대단한데 한글로 기술된 '위키피디아'의 내용은 상대적으로 십 분의 일 정도의 분량도 안 되는 것이다. 대부분이 한국어로는 도저히 표현할 수 없는 고차원(high-dimensional)의 심오(profound)한 내용인 것이다.

사전(dictionary)을 보면 영어의 한 단어가 사용되는 곳에 따라서, 뜻하는 우리의 말이 여러 개가 나열되어 있다. 이러한 현상은 그 자체로 번역을 통한 의미 전달이 어렵다는 논리가 성립되는 것이다. 번역이 지속될수록 본래의 의미가 온전히 전달될 수 있는 확률은 제로(zero)에 가깝게 수렴될 수밖에 없는 것이다. 사전에는 영어 한 단어에 대해서 다양한 뜻이 나열되어 있다. 원어인 영어는 그것을 모두 함축한 뜻으로 쓰인 것이다. 하나의 뜻으로만 쓰인 것이 아닐 수 있는 것이다. 그러나 번역은 그중 하나만을 골라 사용하게 된다. 이러한 과정이 몇 번 진행되면 원문 텍스트와 번역된 텍스트의 개념이 일치되지 않게 된다. 이러한 선택 과정이 길어지게 되면 결국은 전체 글의 메시지가 혼란스럽게 된다. 이것이 번역된 전문 서적을 읽고 나면 무슨 말인지 이해가 안 되는 먹통 현상을 설명해주는 것이다.

그러므로 이러한 현상을 감수하면서 학문/기술을 번역으로 수용하면 그 결말은 없음(nothing)을 지나 학문/기술에 대한 잘못된 선입견을 부추겨 아예 기피하게 되는 등의 마이너스(minus) 효과로 이어지는 것이다.

- 이러한 과정(process)이 대한민국 청년(youth)의 학구열(passion for study)을 잠식(erode)시킨 근본적 원인(root cause)인 것이다.
- 오늘날의 청년을 불행하게 만든 것은 대한민국의 언어인 한국어로 선진 문명을 재단(absorb)할 수 있다고 생각하는, 영어문명[EL]에 대한 무지(ignorance)에서 비롯된 오만(arrogance)의 정책이다.

항상 번역된 글은 영어 원문과 대조하여야 확실한 뜻을 알 수 있다. 번역된 글이 그 뜻이 모호한 것은 번역가의 문제뿐만 아니라, 우리의 언어/한국어/한글 자체의 문제에서 비롯되는 것이다. 즉, 문화 차이로 인한 의미/뜻의 미묘한 차이는 쉽게 표현해 낼 수가 없다는 것이다. 다시 말해, 딱 맞는 개념을 가진 말이 없다는 것이다.

- 이것이 문화의 차이이고, 특히 높은 문명의 언어를 낮은 문명의 언어로 전환시킬 때, 두드러지게 나타날 수밖에 없는 현상인 것이다.

문명이 높다는 것은 다양한 표현 방법이 있다는 것이고, 반대로 문명이 낮다는 것은 단순한 표현 방법밖에 없다는 것이다. 그러므로 낮은 문명의 언어로 된 텍스트는 용이하게 높은 문명의 언어로 된 텍스트로 온전히 전환/번역하여 기술할 수 있다. 그러나 높은 문명의 언어로 된 텍스트를 낮은 문명의 언어로 된 텍스트로 온전히 전환/번역하고자 하면 이는 불가능하다고 여겨야 하는 것이다.

- 대칭되는 언어가 없는 것이다. 다시 말해 대칭되는 생각(thought)/개념(concept)을 갖고 있지 못하다는 말이다.
- 이러한 현상의 하나로, 작가 '한강'의 소설 『채식주의자(vegetarian)』가 영국의 '맨부커(Man Booker)' 상을 수상할 수 있었던 것은 영국인 번역가를 만나는 행운을 가졌기 때문인 것이다. 한국 소설을 영어로 번역을 한다는 것은 단순 번역을 넘어서서 창작에 가까운 행위라 할 수 있다. 순수한 한국인 번역가로서는 절대 도달할 수 없는 언어적 정신세계라 할 수 있다.

대부분의 나라에서는, 특히 문명이 낮은 나라에서는 그 나라 고유의 언어로 번역하지 않고서 서양의 문명을 바로 흡수하는 것이다. 즉, 영어를 그대로 사용하여 선진 학문을 배우는 것이다. 이러한 과정을 통해 필연적으로 그들은 모두 영어를 잘 구사하게 된 것이다.

뱁새가 황새 따라가다가 가랑이가 찢어지듯, 현대의 눈부시게 발달하는 선진 문명의 학문을, 한자(Chinese character)를 동원한 한국어로 더 이상 수용할 수 없다는 것이다. 계속해서 불통(incommunicative)의 말/용어를 만들어 내어 이를 이 시대의 첨단의 언어로 대치하는 행위를 멈추지 않는다면 이 사회는 선진 문명을 추구하다가 혼돈/혼란의 늪에 빠져 헤매는, 시지프스(Sisyphus)의 운명과도 같은 암울한 시기를 영원히 벗어나기 힘들 것이다.

- 이것은 '세월호 참사'로 상징되는 이 시대의 야만(barbaric)이 이 사회 곳곳에서 자생(grow naturally)할 수 있는 양분을 계속해서 공급해 주는 것이다.
- 번역을 해서 학문/기술을 하게 될 때, 그 번역된 학문이 원래 학문/기술의 뜻을 벗어나 왜곡된 형태로 흘러갈 때, 누가 그것을 잡아낼 것인가? 마땅한 방법이 없다. 이 작은 나라에서 그러한 오류(error)를 찾아내고 시정(correct)할 자체적인 능력을 갖춘다는 것은 더욱 불가능(impossible)한 일인 것이다.
- 그러므로 아예 이러한 상황이 오지 않게 피해 가야 너무나 당연하다 할 수 있는 것이다.

현대 서양의 학문/기술을 아프리카의 언어로 전환/번역할 수 있을 것인가? 우리의 언어는 아프리카의 언어보다 얼마나 뛰어나다고 할 수 있을까? 서양의 언어와는 얼마간의 차이를 가지고 있을까? 이 시대의 우리의 언어는 조선 시대의 언어에 비해 얼마나 진보(progress)하였는가?

- 언어(language)는 문명(civilization)과 동급(equal)이다. 현대문명의 학문/기술을 기술(describe)함에 있어서 우리의 언어인 한국어는 서양

의 언어인 영어에 비하면 어쩔 수 없는 한참 뒤처진 격화소양(신을 신고 발바닥을 긁다, inadequate)의 언어인 것이다.

아프리카의 언어로써 서양의 문명을 구현(realize)할 수 없다. 마찬가지로 한국어로써는 서양의 문명을 구현할 수 없다고 단정한다. 되는 것도 있고 안 되는 것도 있다면 그것은 결국 안 된다는 것으로 결론을 내려야 한다.

우리가 서양의 문명을 구현하려면 서양의 언어를 사용하여야 한다. 번역을 통해서 달성할 수 있다고 하는 것은 억지이다. 왜냐하면 우리 문화/문명은 서양 문화/문명과 너무나 이질적(disparate)이며 같은 수준이 안 되기 때문이다.

- 필자는 번역으로 선진 문명의 문물을 구현한다는 것이 어떻게 위험을 초래하였는가를, 본 책의 전편인 저서(book) 『한국의 침몰_영어문맹에 갇히다』에서 '원자로조종감독자의 고백', '한수원비리 사건에서의 아픈 진실', '후쿠시마 원전사고와 우리의 원전' 편을 통해 실제적인 경험(practical experience)으로써 토로하였다.

따라서 우리가 서양 문화를 제대로 실현하려면 서양의 언어를 완전히 이해하여야만 된다는 것이다. 이것은 우리의 입장에선 불가능(impossible)에 가까운 주문(request)이 될 수 있다. 그러므로 필수적(essential)/핵심적(core)인 분야를 선정하여 그 안에 내포된/용융된 언어를 온전히 배워 소기의 목적을 달성하도록 추구하는 것이 서양의 학문/기술을 제대로 수용할 수 있는 최선의 정책인 것이다.

- 어느 분야에 있어서 어느 정도/수준까지는 번역을 통해서 잘되고 있다고 느낄 수도 있다. 그러나 전체적인 면과 장기적인 면을 동시에 만족시킬 수는 없을 것이다. 나라에 명운(destiny)이 걸린 사안에 대해 도박(gambling)을 걸 수는 없다. 이는 절대적인 사안(issue)인 것이다. 현 상태를 어쩌지 못하는 무사안일(complacent)의 처신은 이 민족에게 돌이킬 수 없는 아픈 결말을 계속 초래하고 있는 것이다.

우리의 문명을 선진 문명과 동시에 움직이게 동기(synchronize)시켜야 한다. 같이 물려 돌게 하여야 한다. 그리하여야만 이 작은 나라는 오늘날의 선진 문명을 추구할 수 있고, 여기서 부여하는 혜택(benefits)/기회(opportunities)를 위험하지 않고 용이하게 누릴 수 있는 것이다. 우리가 오늘날 겪고 있는 혼돈(chaos)/불평등(inequality)/무질서(disorder)/부조화(mismatch)/비리(corruption)의 형태로 나타나는 야만에서 비로소 벗어날 수 있는 것이다.

그 방법은 오로지 선진 문명의 언어인 영어로 된 텍스트를 금과옥조(golden rule)로 받아들이는 영어문명[EL; English Literacy] 능력을 젊은이에게 심어 주는 것이다. 고려/조선의 문명이 중국 문명(Chinese civilization)의 글인 한문(Chinese literature)을 금과옥조로 받아들여 생존하였듯이, 오늘의 대한민국은 서양 문명을 영문(English literature)으로 받아들여야만 한다. 즉, 영어문명[EL]을 적극적으로 실현시켜야 한다. 지금처럼 어정쩡한 반벙어리(half-dummy) 행세밖에 못 하는 형태를 방치하여서는 절대로 우리는 선진 문명을 따라갈 수 없고, 이 질곡(fetters)에서도 벗어날 수 없는 것이다.

우리가 선진 문명에 이미 도달하였다고 생각한다면 그것은 아전인수(self-centered)식 착시(illusion) 현상에 불과한 것이다. 그것은 몇십 배는 더 어렵고 중요한 소프트웨어(software)는 모르고 눈에 띄는 하드웨어(hardware), 즉 껍데기만 보고 판단하는 데서 오는 것이다. 하드웨어는 돈으로 해결되지만, 소프트웨어는 절대 돈만으로 해결될 수 없는 것이다. 해외에서 구입한 슈퍼컴퓨터(super computer)와 같은 고가(high-priced)의 장비들이 휴지(idle) 상태에 놓여 있는 현실은, 영어문명[EL]이 아닌 영어문맹[EiL]으로 인하여 소프트웨어를 이해하지 못하여 발생되고 있는, 외국인은 미처 눈치채지 못할 수도 있으나 결국은 알게 될, 한국만의 속 터지는 바보스러운 자화상(self-portrait)인 것이다. 소프트웨어는 인간의 두뇌 작용(brain work)으로 이해하여야 하는데, 그것은 곧바로 언어에 대한 이해가 필수적인 것이다. 영어문명[EL]이 안 되면 비싼 장비일수록 더 문제가 되는 것이다.

- 이는 인류의 문명이 발달할수록 더욱 우리에게 부과되는 애로사항(difficulties)인 것이다. 3차/4차로 산업이 발달할수록 어이없게도 우리는 더욱 난처한 말 못 할 궁지(untold plight)로 몰리게 되는 것이다. 이 무슨 궤변(sophistry)이란 말인가?

요즘 들어 인문학(humanities)이 고사(wither) 위기에 처했다는 말을 자주 듣는다. 인문학을 제대로 하기는 하고서 이런 말이 나오는 것인가 하는 의문이다. 번역을 통해서 학문을 하였다면 그 학문이 제대로 되었을까 하는 의문을 낳는다. 피상적(superficial)으로 남의 흉내만 내는 겉치레 학문 형태를 이 시대의 학문이라고 주장하면 안 된다. 실질적이지 못한 먹통의 학문으로는 서양의 학문을 추종할 수 없고, 그 결말은 고사되는 것이다. 무사안일(complacency)로 인한 자업자득의 결말을 깨우치지 못하고 남의 탓을 하고 있는 것이다.

인문학의 기본은 철학(philosophy)이고, 학문의 최고봉이 철학이다. 동서양(East and West) 사상가(thinker)의 말 몇 마디를 소개하고, 연대기(chronicles)/시대상(times)/인물평(personal remark) 적당히 하고, 이 시대의 두드러진 논쟁(disputing) 몇 가지 생각해 보고 끝나는 학문이 우리의 철학이 아니었는가 묻고 싶다. 이런 식의 학문은 고사될 것도 아쉬워할 것도 없다고 본다. 차라리 새로운 기운을 맞이할 수 있는 기회가 될 것이다.

40년 전 학창시절 프랑스 철학자 '장 자크 루소'의 『에밀』이라는 엄청 두꺼운 번역본(800페이지 정도에 2단 인쇄)을 하루에 3~4쪽씩 해서 거의 1년간 본 적이 있다. 1쪽씩의 내용은 조금은 알 것 같은데, 몇 쪽을 넘기게 되면 그야말로 헝클어진 실타래가 되어서 무슨 맥락(context)을 이어 가는지를 알 수가 없었다. 이후 유명한 서양 철학자의 책/저서를 제대로 읽어본 적이 없다. 무슨 뜻인지 알 수 없는 미로(maze)를 헤매는 듯한 글로 가득 찬 번역본을 읽고 철학자(philosopher)의 사상(philosophy)을 이해하기란 불가능한 일이다. 역자(translator)는 전체적으로 이해하지 못하였어도, 일본어를 거쳐 한글로 열심히 번역을 하였을 것이다.

철학가의 저서를 직접 읽지 못하고, 누군가가 작성해 놓은 평론(review)

을 마치 자신의 의견처럼 적당히 둘러대는 학문은 학문으로서의 가치를 성립시킬 수 없다. 우리에게 동양철학(Eastern philosophy)은 가능하지만, 서양 철학(Western philosophy)은 애초에 불가(unable)한 학문이다. 서양 학문을, 그것도 인간의 사상에 관한 학문을 번역을 통해 공부한다는 것은 그저 수박 겉핥기식의 수사(express)에 불과하다. 그렇다고 무슨 말인지 이해도 못 하는 원서(original book in English)를 마냥 쳐다본다고 뜻을 알게 되는 것도 아니다.

- 우리의 서양 철학은 서양 철학가의 이름을 연대순으로 나열하는 겉치레의 학문으로 끝날 수밖에 없는 것이다. 서양 철학가의 저서(book)를 독해(reading)한다는 것은 불가능에 가까운 영역인 것이다.

그들의 글/언어로 쓴 저서를 통해 사상(thought)을 읽어 내고 우리의 언어로 풀어내는 행위/연구는 불가능에 가까운 일이다. 어렵게/이해하기 힘든 글들을 나열하고 독자로 하여금 알아서 이해하기를 바라는 번역서를 발견하는 것은 어려운 일이 아니다. 누군가가 무모하다고도 볼 수 있는 시도를 한 것이다. 난해한 철학 서적은 이렇게 하여 탄생한 것이다. 원서가 그런 것이 아니고, 그들의 사상을 옮겨 담을 우리의 언어가 마땅치 않은 것이다. 그것을 읽는 순간 우리는 온갖 궤변으로 기술된 듯한 혼돈의 세계를 경험하게 될 뿐이다.

- 서양 철학은 우리의 언어로는 성립되기 어려운 학문이다.
- 번역가의 문제가 아니라 문화적인 차이로 애초에 불가능한 일이다.

한두 줄의 문장은 그 뜻을 전할 수 있어도, 그것이 한 페이지를 초과하게 되면, 그 사상의 연속성(continuity)을 이어 갈 수 없다. 그것은 마치 동양화와 서양화의 차이와도 같은 이질성(heterogeneity)이다.

이러한 현상은 오늘날 세계적인 백과사전(encyclopedia)인 'Wikipedia'와 한국어로 작성된 백과사전인 '위키피디아'를 놓고, 동일한 말을 검색해 보면 많은 차이를 간파할 수 있는 것이다.

영어로 된 원어(original language)가 번역이라는 과정을 거치면서, 그것이 아무리 뛰어난 번역이라도 어쩔 수 없이 다른 느낌(nuance)/함의(connotations)/아우라(aura)를 주는 말로 변할 수밖에 없고, 이러한 말만을 대할 수밖에 없는 독자(reader)는 나름대로의 편향(biased)된 상상(imagination)을 펼치게 되는 것이다. 번역으로는 도저히 헤쳐 나갈 수 없는 무수한 말들은 아예 생략할 수밖에 없는 것이다. 이러한 결과로 영어로 된 원문보다 한글로 된 번역 문장이 항시 짧게 끝나는 것이다. 상당량의 지식이 휘발(volatile)되고 생략(omit)된 것이다. 이러한 과정의 자기기만(self-delusion)으로 우리는 흉내만 낸 겉치레 학문을 하고 있는 것이다.

- '빛 좋은 개살구'가 된 것을 본인은 스스로 몰라도 남들은 모두 알아채고 시치미를 떼고 있는 것이 냉정한 현실이다. 타인(others)/타국(foreign country)의 입장에서는 어찌해 볼 수 있는 일도 아니기 때문이다.

이러한 현상으로 인한 수 없는 논리의 비약(logic leaps)이 수학(mathematic)/

과학(science) 등 서양 학문에 출몰하여 학생들의 뇌(brain)를 무력화(paralysed)시키는 것이다. 이렇게 해서 학문에 대한 추구(pursuit of learning)는 끝이 나는 것이다. 이것이 수학/과학 포기자가 생겨나는 근본적 이유이다.

교사가 이러한 현상의 근본 원인을 이해하지 못한다면, 학생은 더욱 미궁(mystery)으로 빠져들 수밖에 없고, 결국은 무능(incompetent)한 자신의 두뇌를 탓하면서 고문(torture)과도 같은 학문을 포기할 수밖에 없는 것이다.

- 서양 학문을 우리의 언어로 번역(translation)/번안(adaptation)을 해서 온전히 가르치고 배우는 것은 불가능하다. 그것은 억지스러운 행위로 결국은 학생/청년/국가를 불행에 빠트리는 결말을 초래한다.
- 서양 학문의 최고 경지는 수학(mathematics)/철학(philosophy)이다. 그것은 번역이 불가능한 영역이다.

수학의 논리를 번역으로 일관성 있게 유지할 수 있다면 그것은 산수(arithmetic) 정도의 수준이다. 그 이상은 안 된다. 그러한 시도(attempt)는 포기되어야 한다. 시간만 소비하고 결국은 어정쩡한 흉내만 내다 끝날 것이다.

- 그러나 한 인간의 인생에 있어서는 자각(realize)할 수 없는 치명적(fatal)인 독(poison)으로 작용하는 것이다.

번역된 학문/기술의 형태로 계속 진전되는 원래의 학문/기술을 추종할 수 있는가? 누가 추적을 하고, 누가 번역을 계속해 줄 것인가? 불가능한 일이다. 학문은 더 이상 진전될 수 없다. 학문의 단절을 자초하는 짓이다. 우리 문화의 계승/발전을 위하여 번역으로 선진 학문/기술의 도입을 추구한다는 것은 어불성설(do not hold water)의 비논리적(illogical)인 발상(idea)인 것이다. 그저 남의 흉내 내기(mimic)에 불과한 몸짓(gesture)이며 결실(fruit) 없는 공염불(empty prayers)이 될 것이다.

따라서 처음부터 원래의 학문/기술의 원문인 영어 텍스트(English text)대로 배우는 것이 최선의 선택이다. 그러면 진전(progress)되는 학문/기술을 계속 따라잡을(chase) 수 있다.

- 이것이 영어를 잘한다는 진정한 의미인 것이다.
- 이것은 세계적 추세(global trend)에 보조를 맞춰 갈 수 있다는 의미이다.

우리의 문화/한국어/한글을 살리겠다고 선진(advanced)학문의 한글화(Koreanize) 정책에 집착(fixation)하고, 나아가서는 법제화(legislation)하는 것은, 대한민국을 현재와 같은 혼란의 구렁텅이(trap)에서 헤어나지 못하게 하는 자승자박(ask for trouble)의 우민화(dumb down) 정책이 될 것이다.

번역은 결국은 없어져야 할 행위(performance)인 것이다. 번역은 아무리 잘해도 원래의 의미를 전달하는 것은 불가능하다. 번역 작업을 직접 해보면, 머리에서 김이 나고, 머리카락이 하얗게 새는 느낌을 받는다. 번역 작업을 완료하였다는 느낌보단, 어쨌든 최선을 다했다는 느낌을 갖고 힘든 작업을 끝내는 것이다. 내가 번역한 글을 읽어 보면 이해가 시원하게 되는 게 아니지만 그렇다고 더 이상 수정(modify)할 수도 없는 진퇴양난(dilemma)의 경우가 태반이다.

- 그러므로 번역을 거친 책/텍스트를 읽어 보면, 혼란스러운 말로 뒤범벅인 기술이 대부분이다. 타인이 이를 읽고 지식을 얻는다는 것은 불가능하다고 할 수밖에 없다.

가을이 되면 독서의 계절이라고 하며, 우리 국민이 다른 나라 국민들에 비해 책을 안 읽는다고 한탄을 한다. 그런데 상대적으로 읽을 만한 책이 얼마나 있는가를 걱정하지 않을 수 없다. 번역을 거친 대부분의 책들은 읽기가 사실상 겁난다. 현실은 책을 안 읽는 것이 아니라, 읽을 만한 책이 많지 않다는 것이다.

- 한국인이 책을 안 읽는다고 독서의 계절/가을이 되면 탄식만 하는 일상적인 넋두리는 본질을 파악하지 못해 생기는 것이다. 몇십 억의 인구에서 탄생되는 영문으로 된 텍스트에 비해, 오천만의 인구에서 탄생되는 한국어로 된 텍스트는 많이 나오지 않는 것이 당연하기 때문이다. 번역서는 기본적으로 김빠진 글인 것이다.

소설류는 대부분 윤색(embellish)하여 번역한다. 따라서 원작 그대로가 아닐 수 있는 것이다. 그래서 원래 문장의 뜻과는 달리 역자의 의지대로 매끄럽게 이어 나갈 수 있다. 그래서 가끔은 오역(misinterpret) 여부의 시비(dispute)가 일어도 외면하고 마는 것이다. 소설류에서의 이러한 현상은 현실상의 문제를 일으키지는 않으므로 학문/기술과는 양상이 다른 것이다.

학술서/기술서 등 소설류를 제외한 분야, 즉, 논리/지식을 기술해야 하는 분야는 윤색이 불가능한 영역이다. 여기에서의 번역의 오류는 해당 분야에 치명적인 악영향(bad impact)을 미치는 것이다.

- 독자(reader)가 책을 읽고 무슨 말인지 이해가 안 간다면, 이는 대부분 번역으로 인해 초래된 먹통 현상이다. 독자의 무지(lack of knowledge) 탓이 아닌 것이다. 언어상(linguistic)의 문제로 인한 것이다.
- 번역을 통해 지식을 습득한다는 것은 불가능한 일이라고 단정할 수 있다. 그러기에 불가능한 일을 벌일 수밖에 없는 현실은 그 자체로 큰 문제가 될 수밖에 없다. 갈수록 곤란해지는 직시(face up squarely)하여야 할 대한민국의 중차대한(significant) 현실적(realistic) 난관의 문제(difficulty)이다.
- 영어로 된 산업기술(industrial technology)을 번역해 놓으면, 그 의미를 쉽게 구별하지 못하여 난해한 기술이 된다. 우리나라 기술자(engineer)가 외국에 나가면 반벙어리(half-dummy) 행세를 하다 결국은 국내로 복귀해야 되는 수모(disgrace)를 당하는 등 외국에서 제대로 환영받지 못하는 근본적인 사유이다.

통역은 상식적/일반적 수준에서의 의견교환(communication) 정도로 이루어질 수밖에 없다. 동시통역(simultaneous interpretation) 역시 크게 기대할 수 없다. 세미나(semina)/포럼(forum) 등에서 연설자(speaker)가 아무리 깊이 있는 표현을 하여도 통역사(interpreter)를 거쳐 표현되는 우리말은 평범하기만 하고, 때론 논리적이지 않은 상태로 대충 얼버무리고 넘어간다. 통역사의 능력을 탓하기보다는, 문화와 문화를 이어 주는 통역이라는 매체가 제 기능을 발휘할 수 없는 영역에 들어선 것이다.

이런 식의 의사 전달 과정에서는 섬세(detail)한 의견 교환이 이루어질 수 없고, 따라서 제대로 된 질문(question)이 생성될 수 없다. 강연(lecture)/연설(speech)의 메시지(message) 전달이 번역에 의해 두리뭉실/불분명하게 전달되기 때문이다. 이러한 세미나/포럼 등에서 흔히 볼 수 있는 특징적 현상의 하나는 별다른 질문이 없는 것이다. 이것은 번역을 통한 의사 전달이 갖는 일종의 먹통 현상이고, 이러한 행사(event)가 일종의 보여 주기식 행사(show)로만 끝나는 이유인 것이다.

2015년 8월, KBS 대한민국 미래 포럼(Future Forum)에서 존 홉킨스(John Hopkins)를 비롯하여 몇 명의 외국 유명 인사의 강연이 있었다. 이는 통역/자막(subtitles)을 통해 번역으로 시청자/청중에게 전달되었다. 그 전달 내용은 한마디로 격화소양(신을 신고 발바닥을 긁는) 형태의 두리뭉실한 내용인 것이다. 존 홉킨스는 발가락 하나하나를 세는 듯한 섬세한 말을 하였지만, 통역으로 전달되는 내용은 신발 앞부분을 통칭하는 듯한 뭉텅한 말로 그저 모양새만 그럴듯한 구두선(fair words)에 불과한 내용이 전달되는 것이다.

내가 듣기엔 통역이 미비하였다. 그러나 이러한 현상은 통역가의 문제 이전에, 영어와 한국어의 언어상의 문제로부터 기인하는 것이다. 같은 언어로 이해하지 못한다면 효과는 감소되어 미미해질 수밖에 없는 것이다.

- 통역을 통해서만 또는 기초적인 영어 대화를 통해서만 정보를 얻을 수밖에 없다면, 그 효과는 미미한 것이다. 무슨 감명(impression)이 일겠는가?

생명과학(life science), 지구과학(geoscience) 등 이 땅에서 자생(autogenous)한 학문이 아닌 서양 학문을 수입하여 번역/번안하여 가르치는 모든 교과목이 원어인 영어로 된 용어를 이해하기 어려운 한자 용어로 된 한자어로 전환해 교육시키고 있다. 결과적으로 이러한 교육 형태는 진품(authentic)을 유사품(imitation)으로 고쳐서 전달하는 모양새이다.

영어에 익숙해지면 영어로 된 용어가 한자어보다 훨씬 이해하기 쉬워지게 된다. 그것은 한문에 익숙해진 세대에겐, 사서삼경(Chinese Classics)에 나오는 용어가 쉽게 풀어 놓은 진부한 한글의 설명보다 이해가 더 빠른 것과 같다. 아직 영어에 익숙하지 않은 세대를 위해서 이를 한자어로 번역해 놓으면, 당장은 알아들은 듯하나, 결국은 폐해(bad effect)를 가져오는 우매(folly)한 행위인 것이다. 이러한 정책은 영문보다는 한문에 익숙한 해방 전후 세대가 만들어 놓은 정책으로, 현 세대의 앞날을 위해서 하루빨리 바뀌어야 한다. 자라나는 세대는 한자도 영어도 익숙하지 않다. 이 세대에게 초기의 서양 학문을 생존의 언어인 영어로 가르치는 것이 당연한 정책이 되어야 한다.

- 한국어는 어려운 한자어이며 좁은 한반도에서나 통하는 작은 언어에

불과하다. 한국어로 된 어설프고 거친 지식은 한반도를 벗어나는 순간 먹통(dumb)이 되는 것이다.

- 서양 학문의 기초부터 영문(English text)으로 시작해야 비로소 온전한 선진 문명의 학문/기술을 실현할 수 있다. 청년과 국가의 미래(future)가 걸린 일이다. 이것은 절대적인 것이지 선택의 문제가 아닌 것이다.
- 학문의 교육은 그것을 이용해 나갈 당사자에게 맞춰 고귀하게 생존할 수 있는 미래 지향적인 교육을 시켜야지, 이해 당사자가 아닌 교사(teacher)/행정당국(admin officer) 등 학생이 아닌 관계자의 이해관계(interest)를 앞세워 뒤처지는 교육을 시켜서는 안 된다. 이를 위해 현대의 문명인 정보통신 환경을 총동원하는 등의 총력을 기울여야 한다. 당사자는 영어를 필요로 하는데 한국이라는 작은 나라에서만 통용되는 한국어로 가르쳐서, 청년을 우물 안 개구리로 만드는 잘못을 범하고 있는 것이다.
- 세계적인 지식이라도 한국어로 가르친다면, 그것은 한국이라는 좁은 우물 안에서도 별로 쓸 일 없는 서푼짜리 서투른 지식이 될 뿐이다.

사실상 원어인 영어라면 이해하기 쉬운 용어를, 한자를 사용한 용어로 전환시켜, 훨씬 어려운 용어를 동원하기 때문에, 이해하기 힘들고 스스로 독학(self-study)하기도 힘들다. 후에 전문적인 지식(expertise)을 갖추려면 애써서 영어로 된 용어를 익혀야 되는, 되짚어 역(reverse)으로 가는 과정(process)을 거치는 수고(troublesome)를 들여야 한다.

왜냐하면 우리 스스로가 생명과학, 지구과학 등의 학문을 깊이 있게 탐구(science)를 진전시킬 수 있는 능력은 없기 때문에, 결국은 최종적으로 선진국의 연구 결과를 배우고 받아들여서 우리의 환경을 반영하여 스스로를 지켜 나갈 수 있는 노력을 하여야 하기 때문이다.

학문의 길이 이렇게 꼬여서야 어찌 전문가(expert)가 탄생하겠는가? 선진국의 연구성과(research results)를 좇아가기도 벅찬 일이 될 것이고, 결국은 흉내(copy)만 내다가 방관자(onlooker)/모방꾼(imitator)/구경꾼(spectator)으로만 남을 것이다.

- 가장 빠른 길을 택하여야만 되는 나라에서 오히려 돌고 도는 먼 길을 택하는 것이다. 무엇 때문인가? 우리는 실사구시(practicalities)라는 말은 수시로 되뇌고 있지만, 현실의 실제적인 모습은 알아채지 못하고 있기 때문이다.
- 과학 분야(science field)에서 노벨상 수상자(Nobel Prize laureate)가 탄생할 것을 학수고대(anticipate)하는 것은, 감나무 아래서 입을 벌리고 있는 것과 같고, 쓰레기통에서 장미가 피어나길 바라고 있는 격이다.
- 무조건 돈을 많이 투자한다고 될 일이 아닌 것이다. 선진국처럼 연구환경을 갖춘다는 것이 실제적으로 무엇을 의미하는지도 모르는 막연(vague)하고 피상적(superficial)인 그리고 아전인수(self-centered) 격인 이야기가 될 뿐이다.

지금 현재도 누군가 만들어 낸 수많은 번역어, 누군가가 만들어 낸 새로운 용어가 우리를 혼란스럽게 한다. 시간이 갈수록, 기술이 진보할수록 더욱 정교한/진보된/세련된 형태의 말/용어가 출현할 것이며, 누군가는 한자를 동원하든지, 순수한 우리말을 찾아내든지, 원어를 그대로 수용하든지 하여 이에 대응되는 적정한 말을 만들어 낼 것이다.

문명이 진전될수록 우리의 지식/정보를 나타내는 용어들은 그 원래의 의미를 쉽게 알 수 없는 한자어로 생성될 것이다. 갈수록 신지식 분야는 이러한 신조어가 전문용어로서 난무하는 정글이 되어, 웬만한 초보자의 접근을 쉽게 허락하지 않을 것이다. 이러한 신조어가 생겨날수록 우리말의 논리성은 무디어지고, 이에 따라 우리의 사고력은 점점 더 무력감에 빠져들 것이다. 이대로 가면 문명이 진화할수록 대한민국의 자랑인 한글이라는 문자를 사용하는 한국어라는 언어는 격화소양의 비효율적(inefficient)인 매체(medium)가 될 뿐이다.

이것은 나라의 발전을 가로막는 제거하기 불가능한 장애물(obstacle)로 작용할 것이고, 국민은 열심히 무언가를 하려 하지만 헤어나지 못하는 나락(abyss)에 빠져들면서 스스로는 원인을 깨닫지 못할 것이다. 우리는 비효율의 수렁에 빠진 것이다. 우리가 유식(erudite)하다 생각하는 것은 세계적으로 공유(common use)되는 지식이 아닌 한국 고유(unique)의 우물 안 개구리의 지식을 잘 알고 있는 것으로, 우물 안 세상의 식견(knowledge)일 뿐인 것이다. 번역으로 생성(generating)된 정보는 우물 안 개구리끼리만 통하는 반쪽짜리의 별 의미 없는, 웃고 즐기는 우리만의 퀴즈 게임(quiz game) 정답(reply)일 뿐이다.

청년들은 할 일이 없어 프로 구장에서 고함이나 질러 대고, 청소년들의 꿈은 도저히 이루기 힘든 골치 아픈 학문이 아니라, 열심히 노력하면 통하는 야구선수(baseballer)/축구선수(footballer)/가수(singer) 등 스포츠(sports)/연예계(entertainment) 스타(star)에게만 향하게 되는, 실질적인 국력(national power)이 약화(weaken)되는 현실이 지속될 것이다.

- 우리는 좀처럼 벗어나기 힘든 영어문맹[EiL] 울타리에 갇힌 것이다. 작은 문명의 언어인 한국어로 거대한 문명을 속박(harness)하려는 어리석은 시도로 인해 대한민국의 청년은 고통을 겪고 있는 것이다.
- 번역/번안의 형태로는 우리나라의 학문/기술이 발전할 수 없다. 그것은 세계적으로는 쓰일 데가 없는 좁은 우물 안에서 억지로 통용되는 먹통의 학문/기술인 것이다. 논리의 상실로 생명력을 잃어 더 이상의 발전을 할 수 없는 박제 형태(stuffed figure)로 전락하고 마는 것이다.
- 어느 누가 이렇게 하여서는 대한민국의 안위(well-being)를 보장받을 수 있는 학문/기술의 발전이 요원(impossible)해질 것이라고 말해 주겠는가! 우리가 스스로 깨달어야 한다.
- 심판관(judge)이 없다고 해서 무모(reckless)한 게임(game)을 스스로 중단하지 못한다면, 피해자(victim)는 결국 대한민국 구성원 모두가 될 것이며, 현재 진행형인 것이다.

무기력한 한국의 청년

영어문맹으로 인해 한국 청년은 우물 안 개구리 신세

- 영어문명[EL]; English Literacy: 이 말은 영어로 쓰인 학문/기술의 텍스트를 읽을 수 있는 상태를 말한다.
- 영어문맹[EiL]; English illiteracy: 이 말은 영어로 쓰인 학문/기술의 텍스트를 읽을 수 없는 상태를 말한다.

- 우리는 거대(gigantic/major) 문명의 언어인 영어(English)를 작은(minor) 문명의 언어인 한국어(Korean language)로 가두려(harness)하고 있다.
- 이러한 시도로 인해, 영어가 품고 있는 서양 학문에서의 언어적인 논리성(linguistic logic)은 휘발(volatile)되고, 낯선 언어(한글)로 전환되어 논리 없이 기술되는 한국만의 한국식(Korean style) 학문을 강요하게 된다.
- 글로벌 세상(global world)에서 스스로 고립(isolated)되는 것이다. 청년을 글로벌 세상에서 아웃사이더(outsider), 즉 무능력자(incompe-

tent)로 만드는 것이다.

우리의 언어(language)는 한국어(Korean)이고, 문자는 한글(Hangeul)이다. 우리는 한국어로 영어(English)로 기술(described)된 선진 문명(advanced civilization)의 학문(studies)/기술(technology)을 추적(chase)하는 것이다.

우리 사회의 문제(social trouble)는 여기에서부터 발아(germinate)되는 것이다. 작은 문명의 언어인 한국어는, 거대한 서양의 선진 문명의 학문/기술을 추종(follow)하기에는, 크게 역부족한 언어인 것이다. 한국어로 서양의 학문/기술을 번역(translate)하면은 논리성(logical)이 사라지는 것이다. 선진의 학문/기술을 온전히 옮겨 담을 수 없는 것이다.

그런데 우리는 한국어로 선진(advanced)의 학문(studies)을 하고, 논문(paper)을 만들고, 전문가(professional)/박사(doctoral)를 만들고, 고급기술(high tech)을 실현하였다고 과시하는 것이다. 최고의 학문/기술에서의 논리성 상실은, 이 조그만 나라에서는 어느 누구도 눈치 채기 어려운 잠재된 위험요소(latent risk source)를 내포(imply)하는 것이다. 외국인에게는 한국인들만의 언어인 한국어로 작성된 학문/기술을 시비(dispute)할 수도 없고, 시비할 필요도 없는 것이다.

한국 사회라는 우리만의 리그(league)에서 감시자(supervisor)/심판관(umpire)이 없는 것이다. 단지 갑(boss)의 논리만이 지배하는 사회이다. 변방(periphery)에 위치한 이 조그만 나라에서 우리만의 고립(isolated)된 언어로 인류 최고의 문명을 구가(acquire)하려 하는 것이다.

우리의 학부모들은 아이들을 열심히 공부시키려는 자세를 가졌고, 우리의 아이들은 열심히 공부하고 싶어 한다. 우리의 교사들은 열심히 가르치고 싶어 한다. 그러나 우리의 교육은 이 시대의 학문을 소개(introduce)하고 교육(educate)하는 데 실패하고 있다. 우리의 학생/젊은이는 필요로 하는 지식을 습득하지 못하고 있다.

이러한 부조화(incongruity)/불일치(discrepancy)는 어디서 초래(induced)되는 것인가?

지식(knowledge)이 결여(deficient)된 사회는 많은 문제(trouble)를 낳게(breed) 된다. 지식이 없는데, 아는 것이 없는데 어찌 창조성(creativity)이 발휘될 수 있겠는가?

학문은 배우는 목적이 뚜렷하고, 배우는 재미가 있어야 한다. 그러나 현실은 어떠한가? 호기심을 조금은 충족시키지만, 학문의 목적이 시험을 통과하는 데 있는 것처럼 전도(inverted)되었다. 학문을 하는 본래의 목적은 상실되고 말았다. 학문이 좋은 직장/대학을 가기 위한 도구(tool)가 되어, 좋은 성적(good grades)을 내기 위한 공부로 전락되어 버렸다.

- 학문이 인간의 우열을 가리기 위한, 시험 보는 도구로 전락하였다.

우리의 교육 정책(policy)/과정(process)이 문제(problem)가 많다고 이구동성(unanimously)으로 얘기만 하지, 어디서 문제가 비롯되고 있는지를 모른다.

우리의 교육 과정이 좋은 대학을 가기 위한 자격을 얻기 위한 과정으로 전락하고 말았다. 이것은 심각한 문제이다. 세계 100위권에도 들지 못하는 대학을 일류 대학(prestigious universities)이라고 하는 우리의 현실은 그 자체로 비참한데, 그곳을 최고의 성적을 내는 학생만이 겨우 갈 수 있고, 거기서 실패하면 재수(repeat examinee)를 마다하는 현실은 더욱 한심(pitiful)한 일이 될 수밖에 없다.

오로지 서울에 있는 소위 SKY로 일컫는, 세계적으로는 한참 뒤처지는 대한민국이라는 좁은 우물 안에서만 유명한 대학을 가기 위해, 재수/삼수를 택하고, 아까운 시간과 경비를 낭비하며, 학교로는 안 되어 학원(tuition class)을 추가로 다니고 있다.

- 공부의 목표는 오로지 옆에 있는 친구보다 시험 점수를 더 받기 위한 치졸한(utterly shameful) 것이 되어 버렸다.

암기 위주(memorize-oriented)의 선행학습(lessons in advance)을 시도하는 이 무지의 광풍 속에 떠 있는, 학문을 더욱 난해하게 만들면서 일류를 표방하는 서툰 지식의 학교/학원들은, 마치 '골든벨'/'장학 퀴즈'와 같은, 별 의미 없는 퀴즈문답(quiz' question and answer)과도 같은, 오로지 학업 성적/점수 향상을 위한 공부의 요령을 전파하며 장황하게 우리 아이들을 괴롭힌다.

많은 아이들이 학문에 대한 혐오를 겪고 또한 견디기 힘들어 삶을 포기한다. 이러한 현상은 일생(life)의 학문을 위한 공부하고는 전혀 상관없는 우매한 집단광기(collective insanity)의 교육 현장에서 비롯된 것이다. 혼돈의 현장에서 야만적인 교육을 숙명(fate)처럼 받아들이고 있는 아이들의 눈동자가 애처로울 뿐이다.

그들에게 이 글로벌 사회(global society)의 구성원(member)으로 살아갈 수 있는 공부를 시켜야 한다.

- 단지 좋은 대학을 들어가기 위해서 공부를 해야 한다는 것은 인생과 학문에 대한 모욕(insult)이다.

대입용 수능(exams for university entrance)을 위한 영어/수학/과학(English/math/science) 등의 교육이 그 학문 자체에 대한 염증(inflame)을 유발(cause)한다. 엄청나게 쓸데없이 어렵다는 게 나의 소감이다. 오로지 대학 입시만을 위하여 교육을 시키는 것처럼 전도된 현장은 한심하고 무책임한 낮은 차원(low grade)의 정책(policy)이며, 이로 인한 결말(consequence)에 대한 분석(analysis)을 포기한 리더십의 실종(lack of leadership)이다.

이것이야말로 교각살우(deadly effects of a good intention)의 우매한 정책이고, 교육의 목적을 망각한 무모(imprudent)한 행태이다. 야만을 타파하여야 할 교육 그 자체가 야만인 것이다.

배우는 즐거움을 주는 학문은 그 자체로 희열을 주면서 사람을 빠져들게 하지만, 즐거움을 느낄 수 없는 학문을 억지로 해야 한다면 그 자체로 고통스러운(painful) 고역(miserable)이 될 것이고, 결국은 포기(give up)하게 될 것이다. 이것은 개인(individual)에게는 학문의 종말(end of study)을 의미(suppose)하는 것이다.

- 외워야만 되는 학문은 그 자체로 학문이 아니다. 필요할 때마다 찾아서 볼 수 있으면 되는 것이다.

예전에 공부를 할 때, 한두 과목을 제외하고는 굳이 열심히 할 필요가 없음을 느꼈다. 이해를 하기만 하면 되는 과목을 열심히 외워야 하는 고통스러운 공부로 만드는 것이다. 무슨 의미가 있나? 필요하면 찾아볼 수 있을 정도로 알면 되는 것이다. 그런데 시험을 보기 위해서, 학점을 따기 위해서 외워야 하는 것이다. 단지 인간의 인내력(endurance)의 서열(ranking)을 정하기 위해서 시련(trying time)을 안기는 것이다. 이러한 것은 낮은 수준의 교육인 것이다. 일회성(temporary)이고 휘발성(volatile)의 어리석은(absurd) 교육인 것이다.

그런데 이러한 현실이 판을 치고 있다. 이러한 현실을 견뎌 내는 자가 일류대학에 간다. 자연히 굳건한 인내력과 정신력을 보유하게 된다. 그런데 그게 전부가 되어서는 곤란하다. 그러한 인내력으로 높은 학문/지식을 달성해 내어, 이 사회를 리드(lead)할 수 있는 자질을 갖추어야 하는 것이다. 사회는 이것을 요구하며 사회 구성원에게 교육을 시행하는 것이다. 그러나 우리의 인재들은 중간쯤에서 멈추고, 이후의 노력을 포기하는 것이다. 오로지 인간관계에 따른 처세술만이 그들 앞에 놓인 이 사회의 난제(difficulty)를 풀어 나가는 요령(know-how)처럼 보이고, 부(wealth)의 축적을 인생의 목표로 설정하고, 이를 달성할 수 있는 수단만이 덕목(virtue)으로 자리매김하고 있는 것이다. 이 나라의 교육과 사회가 청년을 이러한 방향으로 유도하고 있는 것이다.

- '교육은 국가의 백년지대계(a plan spans a hundred years)'라는 말은 그냥 만들어진 말이 아니다. 참으로 가슴으로 느껴지는, 가슴을 찌르는 비수와 같은 말이다. 많은 학생이 수업 시간에 책상에 머리를 박고 자

는 모습에서 어찌 이 나라의 앞날이 찌그러져 보이지 않는단 말인가?

과거 수십 년에 걸쳐 많은 한국인이 2세의 교육을 위해 고생을 무릅쓰고 미국으로 (불법)이민을 마다하지 않고 가고, 많은 유학생이 미국에서 공부하기 위해 고생길을 떠난다. 수십 년간 이를 목격/경험했으면, 오늘날 우리는 뭔가 발상의 전환을 하여야 마땅한 것이다.

- 우리가 이렇게 상황에 뒤떨어지고 비효율적인 교육 정책을 고수(stick)하는 이유는 무엇인가?
- 죽은 세종대왕을 기쁘게 하기 위해, 오늘을 살아야 하는 젊은이들에게 고통을 강요하고 있는 것이 아닌가?

교사와 학부모가 아무리 교육열이 높아도 학생의 성취도, 즉, 학생의 학문의 대한 열의가 떨어지면 무슨 소용이 있단 말인가? '버락 오바마' 미국 대통령이 한국의 학부모와 교사의 교육 열의에 칭송을 하였다고 해서 착각을 해서는 안 된다. 그야말로 '빛 좋은 개살구' 꼴이 될 뿐이다. 어린 학생에게 미래를 강요하는 듯한 교육은 바람직한 것이 아니다. 그저 이 세상을 살려면 필요한 지식과 방법을 가르쳐 주어야 한다. 서푼짜리 선부른 지식을 가지고, 하룻강아지의 시야(a day's vision)를 가지고 꿈(dream)을 얘기하게 하지 말아야 한다. 넓고 깊은 지식의 바다(knowledge ocean)를 항해할 수 있게 기초(foundation)를 닦아 주어야 한다.

- 교육은 아이에게 넓은 세상을 향할 수 있게, 세상을 살아가는 힘을 길

러 주기 위한 방법을 채택하여야 한다. 모든 것을 다 가능케 하는 기본을 교육해야 한다. 제각기 거울에 투영된 일시적인 환상에 취해서 본질을 놓치게 하여서는 안 된다.

학문(study)은 지적(Intellectual)인 노력(devotion)을 필요로 하는 과정(process)이다. 우리의 학구(academic)적 노력(endeavor)을 요구하고, 지적인 만족(intellectual satisfaction)을 가져다주는 것이다. 각자의 이상(dream)을 실현시킬 수 있는 과정(process)이다.

학문은 사물을 바라보는 능력을 키워 주는 것이라야 한다. 논리적(logical)이고 체계적(systematic)이어야 한다. 새로운 세계(new world)를 찾아(search)가는 바탕(resource)을 제공(provide)해 줄 수 있는 것이라야 한다.

그런데 우리의 학문은 그렇지 못하다. 서양의 학문은 그렇다. 무슨 차이가 있는가? 여기에 우리 교육의 문제가 있고, 답이 있는 것이다.

더 큰 학문을 하기 위해 대학을 가야지, 대학을 가기 위해 공부를 해야 하는, 이 우매(foolish)한 현실(reality)은 어디서 비롯되었는가?

그런데 이러한 대학이 사실상 이 시대가 필요로 하는 인력을 길러 내는데 실패하고 있는 것이다. 그리고 이 실패는 초중고 교과 과정과 맞물려 있는 것이다.

- 이것은 우리의 언어인 한국어의 문제인 것이다. 한국어는 이 시대가 필요로 하는 지식을 전달할 수 있는 언어가 못되는 것이다. 즉 영어를 추종(follow)하기에는 크게 역부족(inadequate)의 언어인 것이다.

- 한국어는 글로벌 문명을 추종할 수 없는, 물질적/정신적인 면에서 상대적으로 엄청 작은 세계의 언어인 것이다. 그런데 한국은 세계적 경제 강국인 이웃나라 중국/일본에 휩쓸려서 무모한 도전(challenge)을 지속하고 있는 것이다.
- 한국어의 한계를 깨닫지 못하고 있는 것이다. 사실상 이러한 언어의 한계성은 쉽게 깨달을 수 있는 경지가 아닌 것이다.
- 지금의 이 상황은 서양의 선진 학문/기술을 번역/번안을 통해, 한국어/한글로 전환해서 운영하고 가르치는 데서 비롯되는 예상치 못한, 어처구니없기도 한 결말(consequence)인 것이다.
- 한국의 산업화(industrialization)가 진행되면서, 서양의 선진 문명을 점점 더 깊게 받아들이면서, 한국어/한글로 이루어진 지식은 점점 더 미흡(insufficient)한 불통(incommunicative)/먹통(dead)의 지식(knowledge)이 되어버리는 것이다.

한국어는 외래어의 대부분인 영어를 한글로 전환하여 표기하지만, 이 글자의 속성은 한자(Chinese character)를 조합하여 만든 한자어이며 한국어의 근간(stem)을 이루고 있는 것이다. 섬세하지 못하고 투박한 언어이다. 이러한 언어의 조합으로 계속해서 진보하고 있는 현대 문명의 치밀하고 논리적인 학문/기술을 서술하고 가르치겠다고 고집하는 것은, 마치 천자문(Chinese Thousand-Character Classic)으로 우주(universe)를 묘사할 수 있다고 주장하는 것과 같은 것으로, 그 교습(teaching)의 대상이 되는 학생을 바보로 만들어 버리는 폭거(violence)인 것이다.

서양의 학문/기술이 이 세상을 지배하고 있다.

그러나 방대한 서양의 학문을 한국어로 전환하여 배우는 데는 한계가 있는 것이다. 영어를 별도로 배운다고 해서 절대 해결될 문제가 아니다. 이런 상태에서는 유학을 가도 헤매다 오는 것이다.

(참고: 김종영 지음『지배받는 지배자』p88,「엄친아에서 열등생으로」, p116,「똥밭이 거름이 되기를 꿈꾸는 이방인」)

- 한국과 같이 영어 학습 시간을 두고, 영어 자체를 배우려고 시도해서는, 단지 의식주를 해결하기 위한 수준에는 도달할 수 있지만, 선진의 학문/기술을 배울 수 있는 능력을 갖추는 영어문명(EL) 수준에는 도저히 도달할 수 없는 것이다.

우리의 언어인 한국어의 논리성을 왜 시비하는 것인가?

한글은 세계에서 가장 뛰어난 표음문자(phonogram)이다. 모든 음(sound)을 완벽하게 표기(write)할 수 있다.

우리의 언어인 한국어는 한글을 사용하여 기록을 한다. 의사 표시 및 사물에 대한 묘사는 대부분이 한자를 이용하여 만들어진 말과 용어를 사용하여 이루어진다. 이런 의미에서 한국어를 '한자어'라고 말할 수도 있다.

우리가 판소리를 학문으로 한다면 아무런 문제가 없을 것이다. 우리말로 된, 우리나라에서 자생(native)된 학문이기 때문이다.

그러나 현재 한국 사회의 거의 모든 문물(products)은 외래(foreign)된 문물이고, 그 대부분이 선진국인 서양에 뿌리를 둔 문물이다. 시간이 갈수록 문명은 발달하고, 자연히 고도화(advanced)된 문물이 계속적으로 한국 사회로 유입되고 있다. 그것은 곧 우리가 가져 보지도 생각하지도 못한 개념(concept)의 문물이 유입된다는 것이고, 그것을 지칭(designate)하는 새로운 한국어가 등장하여야만 한다는 것이다.

우리는 이것을 언제부터인가 유지되어 온 관례(routinely)대로 가능한 한국화(Koreanize)하기 위해 한글로 표기되는 새로운 말/용어를 만들어 의사소통 및 기록을 하고 있다.

이 시간에도 많은 용어(term)가 만들어지고 있으며, 대부분이 한자를 조합하여 만들어져, 웬만해선 그 뜻을 짐작하기 힘들고, 사용된 한자를 보고, 원어(original language)인 영어를 보고, 뜻풀이를 보고서야 비로소 그 의미를 짐작할 수 있는 것이다.

그런데 새로운 용어를 도입하는 과정에서 원어의 뜻과는 완전히 일치하지 않는, 주로 문화의 차이에서 기인(arose)하지만, 간과할 수 없는 왜곡(bias)이 발생하는 것이다. 다시 말해, 영어 원어의 뜻과 번역된 한국어의 뜻이 일치하지 않는, 약간은 다른 느낌(nuance)/함의(connotations)/아우라(aura)를 가진 언어가 되고, 이러한 현상이 누적(cumulated)되고 확산(diffuse)되면서, 결국은 심각한 장애(difficulty)를 초래하는 결말을 불러오는 것이다.

수학과 과학기술 등 탐구를 요하는 모든 외래 학문을 한국화하기 위해, 번역(translation)/번안(adaptation)을 통해서 한국어로 탐구(study)할 때, 우리는 너무도 쉽게 한계(limit)에 도달하는 것이다. 시작할 때는 거의 같은 듯하였으나, 이후로 약간씩 왜곡이 누적되어, 진도(progress)가 나갈수록, 논리가 맞지 않고(illogical) 비약(jump)되며, 결국은 모두가 자신도 모르는 사이에, 왜 그런지도 모르고 되돌리지도 못하는, 논리성이 결여된 용어가 난무하는 논리의 함정(logical pitfall)에 도달하는 것이다.

한국어로 번역되어 출간된 전문서적의 난해함(incomprehensible)의 정도는 심각한 수준이고, 경우에 따라서는 상상을 초월한다. 한마디로 저자의 이름을 알리기 위한 텍스트이지 학생을 위한 텍스트라고 인정할 수 없는 경우가 많다. 우리나라의 문명/문화의 산물인 한국어로는 이 시대의 전문성(expertise)을 서술(describe)할 수 있는 능력(ability)을 가지고 있지 못하다. 이것을 무리하게 운영하면 중도에 포기하게 되거나, 비학문적(anti-academic)인 행위를 방치하는 부작용(side-effect)만 초래(induced)하게 되는 것이다.

영어로 논리 정연하게 서술된 지식을 한글로는 구현(implement)할 수 없다. 이것을 쉽게 이룰 수 있는 방법은 없는 것이다. 서술력(descriptive)의 차이가 언어에서 나타난다는 것은 쉽게 알아채기 힘든 명제(proposition)이지만, '아프리카의 언어로 오늘날의 자동차를 만들 수 없다'라고 하면 모두 동의할 것이다.

- 문명은 곧 언어를 사용하여 기록되기 때문이다.
- 아프리카 언어로 선진 문명을 추종할 수 없듯이, 어느 정도의 차이는 있겠지만, 결국은 한국어로도 할 수 없는 것이다.

우리의 언어 한국어/한글이 얼마나 진화(evolved)된 언어인가는 우리가 잘 생각해 보지 않은 명제이다. 그러나 조선 시대의 언어에 비해 현재의 한국어는 얼마나 진화되었는가를 생각해 볼 일이다. 농경사회인 조선 시대의 언어로 현대 문명을 담을 수 있을까 하는 의문에 대한 대답은 단연코 '불가(impossible)'이다.

번역된 전문 서적에서 흔히 볼 수 있는 도대체 이해 못 할 요령부득(incomprehensible)의 기술(description)은 왜 생겨나는 것일까? 그것은 우리의 언어로써는 제대로 기술할 수 없는 '우리 사고력(thinking)의 사각지대(blind spot)'가 너무나 많다는 것을 보여 주는 것이다. 다시 말해 우리가 미처 생각하지 못하는 세계가 너무나 많아, 우리의 언어로써 감당할 수 없다는 것이다. 우리가 번역할 때 어려운 점은 영어 문장에 걸맞은 우리의 언어인 한국어가 없다는 것이다. 이것이 바로 문화/문명의 차이인 것이다. 이것은 인위적(artificially)으로 단기간(short term)에 극복할 수 있는 사안(issue)이 아니다.

지금의 한국어로써 현대의 문명을 담아내지 못한다는 사실이 현재 우리가 안고 있는 무지/무식에서 비롯되는 야만의 씨앗인 것이다. 즉, 현대 문명은 이 사회로 밀려 들어오고 있는데 우리의 언어/한국어는 이것을 소화해내지 못하는 역량 부족(lack of capacity)의 언어인 것이다.

- '국어기본법'은 이러한 현상을 옥죄는 자승자박(ask for trouble)의 올가미일 뿐이다. '아름다운 우리말을 지키자'라는 구호(slogan)는 언어 본래의 기능을 저버리고, 심미적(aesthetic)/국수적(nationalistic)인 견지에서만 판단하는 외침(chant)이다. 언어의 본래 기능(main function)을 외면하는 단순(unsophisticated)한 주장(claim)이다. 외부 세계의 문명은 변화하는데 우리는 제자리에서 맴돌아야 한다는 '우물 안 개구리'의 우주관(cosmology)이다.
- '국어기본법'이 청년을 죽이고 나라를 침몰시키는 키(key) 역할을 하

고 있다면 모두가 놀랄 일이다. 그러나 이 글로벌 세상에서 변방의 작은 나라에 불과한 한국의 언어인 한국어밖에 할 줄 모른다면, 이로 말미암아 갑갑한 현실이 도래할 것이라는 걸 모른다면, 이 또한 조선말 쇄국정책(policy of seclusion)의 데자뷔(déjà vu)가 될 것이다.

언어와 문명과의 연관성을 깨닫고, 언어의 기능을 현대 문명에 일치(synchro)시켜야 한다. 역사의 흐름을 거슬러 가는 정책은 청년을 죽이고, 국력을 쇠퇴시키는 예기치 않은 부작용을 초래하는 우매한 정책이 된다는 것을 깨달아야 한다. 언어를 통한 국가의 정체성(identity) 확립은 그 다음 순위에 해당되는 것이다.

- 언어는 정확한 지식의 소통 수단이 되는 것이 최우선의 기능인 것이다.

현 단계에서 한국어의 소통 능력 부족 현상을 조금이나마 감쇄시킬 수 있는 최선의 정책은 서양의 학문/기술 분야에서 영어로 된 용어 그대로를 사용케 하는 것이다. 현재까지 발행된 서양 학문/기술의 텍스트는 영어로 된 용어로 다시 기술되어야 한다. 번역된 용어를 사용하지 말아야 한다.

외래의 용어를 한자를 동원하여 저자(writer) 나름대로의 의견으로 우리만의 용어를 자꾸 만들어 내어 사용케 하는 것은, 우리의 생각을 혼란스럽게 하여 점점 더 본론/핵심으로부터 멀어지게 하는 우매한 짓이다. 세계와 소통해야 하는 소국(small country)의 입장에서는 절대 취해야 될 정책이 아닌 것이다. 그것은 국어사랑이 될지 몰라도 나라사랑은 아닌 것이다. 도입된 문명과 우리의 정신세계를 강제로 유리(separate)시키고, 언어의 소통 기능(communication function)을 저해(impair)하는 행위이다. 먹통의 기술(writing) 행위를 하여 그 글을 읽을 누군가를 바보(idol)로 만드는 것이다.

- 영어문명[EL]의 능력을 갖춰야만 우리는 계속해서 선진 문명의 지식을 흡수할 수 있다. 그와 더불어 한국어도 글로벌 언어인 영어를 가능한 흡수하여야 한다. 지금의 한국어 정책으로는 오늘날의 문명을 감당해 낼 수 없다. 이것이 지혜로운 처신이며, 현대의 첨단문명에 뒤처지지 않고, 선진국 대열에 용이(easily)하게 동참(join)할 수 있는 바탕(resource)을 마련하는 것이다.
- 한자를 동원하여 이해하기 힘든 먹통의 신조어(newly-coined words)를 만들어 내지 말아야 한다.

논리적인 교육이 안 되어서, 즉 주입식 교육으로 인해 우리에게 토론문화(culture of debating)가 결여(lacking)된 것이다. 영어를 한국어로 전환한 텍스트는 논리성이 결여될 수밖에 없다. 번역이 영어의 언어가 품고 있는 고유(inherent)의 논리성을 우리말로 옮기지 못하는 것이다. 그것은 어쩔 수 없는 동양과 서양의 문화적 속성(cultural property)의 차이이다. 동서양의 문화는 너무 차이가 나서 완벽한 전환/번역을 할 수가 없는 것이다. 그러한 결과 논리성이 결여된 번역물을 배워야 하고, 이해가 안 되는 부분은 어쩔 수 없이 몽땅 외워서 넘기는 등, 무리한 학문의 프로세스(process)를 진행하다 보니 처음 얼마간은 버티면서 넘어갔으나, 결국은 인간의 두뇌 작용의 한계가 오는 것이다. 무한정, 무작정 외울 수는 없는 것 아닌가? 결국 학습을 포기할 수밖에 없는 것이다. 학문(study)의 진행 과정(progress)에 필수적(essential)인 요소인 지적(intellectual)인 성취감(fulfilling)/희열(pleasure)을 느낄 수 없을 뿐만 아니라 학문에 대한 회의감(skepticism)이 드는 것이다. 개인 간의 정도의 차이가 있으나, 결국은 포기(give up)하게 되는 것이다.

한국은 무리하게 수학(mathematics)이라는 학문을 가르치는 것이다. 한국어로 번역/번안되어 전개되는 'K-수학'은 온전한 것이 아닌 억지(forced)의 학문인 것이다. 한 가닥으로 연결되어 정상까지 매끄럽게 이어진 로프(rope)가 아니라, 중간중간 끊어져서, 정상을 오를 수 없는 로프인 것이다. 끊어진 부분을 이으려면, 무리하게 요령식/암기식으로 외우고 건너뛰어야 하는 것이다. 수만(ten thousands) 개는 될 법한 한국의 수학 학원(math tuition class)은 나의 글을 역설적(paradoxical)으로 증명(prove)하고 있는 것이다.

이것은 학문의 도야(cultivate)를 위한 논리적인 빌드 업(build-up)이 될 수 없다. 번역/번안 학문의 영향으로 인해 학습 과정을 일찌감치 포기하는 낙오자가 발생하는 것이다. 수학을 포기하는 수포자가 양산되는 까닭이다. 일류 대학에 가기 위해 무조건 외우는 것이다. 토론이 성립될 수 없다. 유학생이 가장 애먹는 과정이 토론(debating) 수업이라 한다. 단지 영어를 못하는 것이 토론을 못하는 이유의 전부가 아니다. 학문의 논리적인 빌드 업(build-up) 과정이 아닌 주입식(cramming) 학습 과정의 후유증(aftereffect)인 것이다.

특히 수학은 논리적인 사고와 이에 따른 전개 과정이 생명(vital)인 것이다. 한국어로 수학논리의 전개 과정의 세밀하게 기술할 수 없다는 것은 수학을 어렵게 하여 수학 포기자를 만들어 내는 원인인 것이다.

- 한국의 수학 교과서와 미국의 수학 교과서의 논리의 전개와 이에 따른 서술 과정을 비교하였을 때 확연하게 드러나는 것으로, 사실상 수학에만 국한되는 것이 아니라 모든 학문에서 그러한 것이다.

우리 스스로 자라나는 세대에게 한국어로 모든 학문을 가르쳐야 한다는 정책을 실행하면서, 여기에서 비롯된 후유증을 알아채지 못하고 무지/무식의 굴레를 청년의 무능력으로 마냥 뒤집어씌우는 자승자박(ask for trouble)의 퍼포먼스(performance)를 하고 있는 것이다.

- 한국 청년은 자신의 무능력의 원천(root)을 모른 채 자책하고 방황하는 것이다.
- 교육의 실패(failure)로 인해, 영어문맹[EiL]에 갇혀서 한국은 침몰(Korea is drowning, trapped in English illiteracy)하고 있는 것이다.
- 한국어로 펼쳐지는 학문은 먹통의 지식을 가져다줄 뿐이다. 학문 추구에 있어 가장 중요한 요소인 탐구 과정(scientific process)을 건너뛰고 마는 것이다. 한국어로는 세세하게 기술하지 못하는 것이다. 이것은 어쩔 수 없는 한국어라는 언어의 한계인 것이다.
- 한 가지 명제(proposition)를 가지고 세계적 백과사전(encyclopedia)인 'Wikipedia'를 보고, 한국어로 된 '위키피디아'를 비교해 보면, 어쩔 수 없는 차이와 한계를 알 수 있을 것이다. 한국어는 영어 기술의 10퍼

센트(percentage) 정도에도 미치기 힘든 한계를 가질 수밖에 없는 것이다.

세계가 우리의 교육체계가 잘 이루어지고 있다고 하는 피상적(superficial)이고 의례적(courtesy)인 칭찬에 우리 스스로가 현혹되고 있는 것은 아닌가 하는 의문을 가져야 한다. 설사 그렇다 해도 그것은 과거의 잠깐의 실적이지, 현재는 아닌 것이다. 그들의 칭찬은 립서비스(lip service)일 뿐 우리에게 별다른 가치(value)를 부여해 주는 것이 아니다. 그들이 한국어의 한계를 어찌 알 수 있겠는가? 우리의 문제는 우리만이 풀 수가 있는, 우리 고유의 상황(unique situation)인 것이다. 우리가 경비를 들여 잔치를 벌이고, 그들은 아낌없이 의례적인 립서비스를 해 주는 것이다. 우리는 남의 칭찬을 듣고 싶어 몸살이 난 꼴이다. '세계 제일', '넘버원 코리아'라는 외침을 듣고 싶어 한다.

- 교육의 목적은 무엇인가? 이 세상을 살아갈 수 있는 힘을 주는 것이다. 즉, 이 세상의 널려 있는 지식을 터득할 수 있는 능력을 주는 것이고, 그것은 곧 영어문명[EL] 능력을 심어 주는 것이다.
- 한국의 대학 도서관에 진열된 (먹통의) 전문서적만을 읽을 수 있게 만드는 것이 아니라, 미국의 대학 도서관에 있는 (생존의) 전문서적을 읽을 수 있는 능력을 심어 주어야 하는 것이다.

우리나라가 미국/중국처럼 큰 나라이면 한국어로만 교육시켜도 견뎌낼 수 있다. 그러나 조그만 국가에서는 그래서는 안 된다. 세계를 상대로 헤쳐 나갈 힘을 가져야 한다. 다른 나라에서는 전혀 아쉬워할 게 없다. 그들이 논리적이지 못한 우리에게서 배워 갈 것이 무엇이 있겠나? 자신의 처지를 잘 모르는 우물 안 개구리의 과대망상(mass delusion)만이 있을 뿐이다.

한국어로만 하는 교육을 시켜서는 안 된다. 세계와 소통할 수 있는 힘을 주어야 한다. 세계를 상대로 겨룰 수 있게 교육시켜야 한다.

- 세계적인 대학이 하나도 없다는 것하고, 중국/인도에 이어, 세계 3위권의 미국 유학생 행렬(row)은 우리 교육의 문제점을 말해 주는 것이다.
- 이러한 유학생 발생 현상을 교육열이 높다고 아전인수(self-centered)식으로 해석하지 말고, 국가 교육의 실패라고 인정해야 한다.

우리의 교육은 남들처럼 흉내는 다 내는데, 유효성(effectiveness)의 검증과 제고(verification and validation)에 실패하고 있다는 것이다. 절망적인 것은 오십 보 백 보(little difference)의 미봉책(temporary solution)만이 있을 뿐, 획기적인 개선책(radical remedies)이 없다는 것이다. 우물 안 개구리식의 조삼모사(makeshift) 정책을 펼치고 있는 것이다.

우리의 프로 야구장, 프로 축구장 등은 젊은이들이 가득하다. 지식을 탐해야 되는 시간에 있지도 않은 스트레스(stress)를 날리고 있다. 영어문맹[EiL]으로 인해 지식을 더 이상 추구하고 싶은 여지가 없어진 것이다. 국력 생성(creating a national power)에 들어가야 할 에너지가 밤하늘로 울려 퍼진다. 영어문맹[EiL]으로 실행을 할 능력은 없고, 헛된 구호만 요란한 것이다.

- 우리의 교육은 열심히 하였으나 목적 달성에 실패한 것이다.
- 우리는 생존하기 위한 교육을 목표로 하고, 인간의 우열을 가리기 위한, 인간을 분열시키는 저급한 교육을 멈추어야 한다.
- 한국어로 전환된 서양의 학문은, 오늘날의 글로벌 학문이 될 수 없다.
- 그것은 좁은 한반도에서 제한적으로 유통되는 비논리적인 먹통의 지식일 뿐이다.

[결론적으로 말해, 영어로 기술된 전문 서적을 바로 읽어 나갈 수 있는 능력이 필요한 것이다. 이것이 안 되면 대학 과정에서 필요한 공부를 할 수 없는 것이다. 그리고 한국의 현 교육은 이것을 실현하지 못하고 있다는 것이 나의 깨달음이고, 이 글의 진부할 정도로 반복되는 메시지이다. 이 점을 방치하면, 우리의 청년은 계속 무능해질 것이며, 국가는 침몰을 지속할 것이다. 그러므로 나는 고충(hardship)의 내레이션(narration)을 쉽게 끝낼 수 없는 것이다. 이러한 상황은 문명의 충돌(clash of civilizations)로 인해 한반도(Korean peninsula)에서 벌어지고 있는 혼돈(chaos)이다. 문명은 곧 언어(language)이기 때문이다. 우리가 현대문명을 영위(develop and function well)하기 위해서는, 영어라는 언어에게 교육(education)을 넘겨(render)주어야 한다. 조선 시대에 서당에서 한문(Chines text)을 배웠듯이, 우리는 처음부터 영문(English text)으로 배워야 한다. 그래야 현대문명(modern civilization)에서 살아갈 수 있다. 그것이 청년을 살리고 국가를 살리는 유일한 길이다.]

K-수학은 엉터리 수학이다

Math를 해야만 산다

초판 1쇄 발행 2022년 6월 27일

지은이 신동현
펴낸이 이기봉
편집 좋은땅 편집팀
펴낸곳 도서출판 좋은땅
주소 서울특별시 마포구 양화로12길 26 지월드빌딩 (서교동 395-7)
전화 02)374-8616~7
팩스 02)374-8614
이메일 gworldbook@naver.com
홈페이지 www.g-world.co.kr

ISBN 979-11-388-1066-1 (03370)